Antony C. Sutton

Wall Street et l'ascension d'Hitler

Antony C. Sutton
(1925-2002)

Économiste et essayiste américain d'origine britannique, chercheur à Stanford au sein de la fondation Hoover de 1968 à 1973. Il enseigna l'économie à l'UCLA. Il étudia à Londres, Göttingen et UCLA et fut titulaire d'un doctorat en sciences de l'Université de Southampton, en Angleterre.

Wall Street et l'ascension d'Hitler

Wall Street and the rise of Hitler (1976)

Traduit de l'américain par Le Retour aux Sources

Publié par Le Retour aux Sources

www.leretourauxsources.com

© Le Retour aux Sources – 2021

Tous droits réservés. Aucune partie de cette publication ne peut être reproduite par quelque moyen que ce soit sans la permission préalable de l'éditeur. Le code de la propriété intellectuelle interdit les copies ou reproductions destinées à une utilisation collective. Toute représentation ou reproduction intégrale ou partielle faite par quelque procédé que ce soit, sans le consentement de l'éditeur, de l'auteur ou de leur ayants cause, est illicite et constitue une contrefaçon sanctionnée par les articles L-335-2 et suivants du Code de la propriété intellectuelle.

ANTONY C. SUTTON 11
WALL STREET ET L'ASCENSION D'HITLER 13
PRÉFACE 17
INTRODUCTION 18
 LES FACETTES INEXPLORÉES DU NAZISME 18
  HJALMAR HORACE GREELEY SCHACHT 23
CHAPITRE I 25
 WALL STREET OUVRE LA VOIE À HITLER 25
  1924 : LE PLAN DAWES 27
  1928 : LE PLAN YOUNG 30
  LA B.R.I. - LE SOMMET DU CONTRÔLE 32
  LA CONSTRUCTION DES CARTELS ALLEMANDS 33
CHAPITRE II 38
 L'EMPIRE I.G. FARBEN 38
  LA PUISSANCE ÉCONOMIQUE DE I.G. FARBEN 40
  SOIGNER LA RÉPUTATION DE I.G. FARBEN 48
  L'I.G. FARBEN AMÉRICAIN 51
CHAPITRE III 56
 GENERAL ELECTRIC FINANCE HITLER 56
  GENERAL ELECTRIC DANS L'ALLEMAGNE DE WEIMAR 57
  GENERAL ELECTRIC ET LE FINANCEMENT D'HITLER 63
  COOPÉRATION TECHNIQUE AVEC KRUPP 68
  A.E.G. ÉVITE LES BOMBARDEMENTS PENDANT LA SECONDE GUERRE MONDIALE 70
CHAPITRE IV 76
 LA STANDARD OIL RAVITAILLE LA DEUXIÈME GUERRE MONDIALE 76
  DU PLOMB ÉTHYLIQUE POUR LA WEHRMACHT 82
  LA STANDARD OIL OF NEW JERSEY ET LE CAOUTCHOUC SYNTHÉTIQUE 84

La compagnie pétrolière germano-américaine (DAPAG) 85

CHAPITRE V 87

L'I.T.T. AIDE LES DEUX BELLIGÉRANTS 87

Le baron Kurt von Schroder et l'I.T.T. 89

Westrick, Texaco, et I.T.T. 92

I.T.T. en Allemagne pendant la guerre 94

CHAPITRE VI 98

HENRY FORD ET LES NAZIS 98

Henry Ford : le premier bailleur de fonds étranger d'Hitler 100

Henry Ford reçoit une décoration nazie 101

La Ford Motor Company participe à l'effort de guerre allemand .. 103

CHAPITRE VII 108

QUI A FINANCÉ ADOLF HITLER ? 108

Quelques-uns des premiers soutiens d'Hitler 108

Fritz Thyssen et la W.A. Harriman Company de New York 112

Le financement d'Hitler lors des élections générales de mars 1933 118

Les contributions politiques de 1933 120

CHAPITRE VIII 125

PUTZI : AMI D'HITLER ET DE ROOSEVELT 125

Le rôle de Putzi dans l'incendie du Reichstag 129

Le New Deal de Roosevelt et le Nouvel Ordre d'Hitler 131

CHAPITRE IX 134

WALL STREET ET LE PREMIER CERCLE NAZI 134

Le Cercle des amis de la S.S. 137

I.G. Farben et le cercle Keppler 137

Wall Street dans le cercle S.S. 139

CHAPITRE X 145

LE MYTHE DE "SIDNEY WARBURG" 145

Qui était "Sidney Warburg" ? 146
Synopsis du livre de "Sidney Warburg" supprimé 148
Déclaration sous serment de James Paul Warburg 154
James Warburg a-t-il eu l'intention d'induire en erreur ? 159
Quelques conclusions de l'histoire de "Sidney Warburg". 160

CHAPITRE XI 163

Collaboration entre Wall Street et les Nazis pendant la Seconde Guerre mondiale 163

L'IG américain pendant la Seconde Guerre mondiale 166
Les industriels et les financiers américains ont-ils été coupables de crimes de guerre ? 172

CHAPITRE XII 176

Conclusions 176

L'influence prépondérante des banquiers internationaux 179
Les États-Unis sont-ils dirigés par une élite dictatoriale ? 181
L'élite de New York comme force subversive 184
La vérité révisionniste qui émerge lentement 188

ANNEXE A 192

Programme du parti ouvrier national-socialiste allemand 192

Le programme 192

ANNEXE B 196

Déclaration sous serment de Hjalmar Schacht 196

ANNEXE C 198

Les inscriptions sur le compte de "Tutelle Nationale", qui se trouve dans les dossiers du Delbruck, Schickler Co. Banque 198

ANNEXE D 201

Lettre du ministère américain de la guerre à Ethyl Corporation 201

ANNEXE E 203

EXTRAIT DU JOURNAL DE MORGENTHAU (*ALLEMAGNE*) CONCERNANT SOSTHENES BEHN DE L'I.T.T. 203

BIBLIOGRAPHIE SÉLECTIVE 207

DÉJÀ PARUS 213

ANTONY C. SUTTON

"Si quelqu'un l'emporte sur lui, deux lui résisteront, et un cordon triple ne se rompra pas rapidement" (Ecclésiaste 4:12).

Professeur Sutton (1925-2002).

Bien qu'il ait été un auteur prolifique, le professeur Sutton restera à jamais gravé dans les mémoires pour sa grande trilogie : *Wall St. et la révolution bolchévique, Wall St. et l'ascension d'Hitler, Wall St. et FDR.*

Le professeur Sutton a quitté l'Angleterre pluvieuse et nuageuse pour la Californie ensoleillée en 1957. Il était une voix qui pleurait dans le désert académique alors que la plupart des universités américaines avaient vendu leur âme pour l'argent de la Fondation Rockefeller.

Bien sûr, il est venu dans ce pays en croyant que c'était la terre des libertés et la patrie des braves.

ANTONY C. SUTTON est née à Londres en 1925 et a fait ses études dans les universités de Londres, de Gottingen et de Californie. Citoyen américain depuis 1962, il a été chercheur à la Hoover Institution for War, Revolution and Peace à Stanford, Californie, de 1968 à 1973, où il a réalisé la monumentale étude en trois volumes, *Western Technology and Soviet Economic Development.*

En 1974, le professeur Sutton a publié *National Suicide: Military Aid to the Soviet Union,* une étude à succès sur l'assistance technologique et financière occidentale, principalement américaine, fournie à l'URSS. *Wall Street et l'ascension d'Hitler* est son quatrième livre exposant le rôle des initiés des entreprises américaines dans le financement du socialisme international. Les deux autres livres de cette série sont *Wall Street et la révolution bolchévique* et *Wall Street et FDR*.

Le professeur Sutton a contribué à des articles dans *Human Events, The Review of the News, Triumph, Ordnance, National Review*, et de nombreuses autres revues.

Wall Street et l'ascension d'Hitler

Dédié à la mémoire de Floyd Paxton - entrepreneur, inventeur, écrivain et Américain, qui croyait et travaillait pour les droits individuels dans une société libre selon la Constitution.

ANTONY SUTTON

PRÉFACE

Le présent ouvrage est le troisième et dernier volume d'une trilogie décrivant le rôle des socialistes d'entreprise américains, également connus sous le nom d'élite financière de Wall Street ou d'establishment libéral de la côte Est, dans trois événements historiques importants du XXe siècle : la révolution de Lénine-Trotsky de 1917 en Russie, l'élection de Franklin D. Roosevelt en 1933 aux États-Unis et la prise de pouvoir d'Adolf Hitler en Allemagne en 1933.

Chacun de ces événements a introduit une variante du socialisme dans un grand pays - le socialisme bolchévique en Russie, le socialisme du New Deal aux États-Unis et le national-socialisme en Allemagne.

L'histoire officielle contemporaine, à l'exception peut-être du *Tragedy and Hope* de Carroll Quigley, ignore ces preuves. D'autre part, on peut comprendre que les universités et les organismes de recherche, qui dépendent de l'aide financière de fondations contrôlées par cette même élite financière new-yorkaise, ne souhaitent guère soutenir et publier des recherches sur ces aspects de la politique internationale. Il est peu probable que le plus courageux des administrateurs morde la main qui nourrit son organisation.

Il est également éminemment clair, d'après les éléments de cette trilogie, que les "hommes d'affaires à l'esprit public" ne se rendent pas à Washington en tant que lobbyistes et administrateurs pour servir les États-Unis. Ils sont à Washington pour servir leurs propres intérêts de maximisation des profits. Leur but n'est pas de promouvoir une économie de marché compétitive, mais de manipuler un régime politisé, quel qu'il soit, à leur propre avantage.

C'est la manipulation commerciale de l'accession d'Hitler au pouvoir en mars 1933 qui est le sujet de *Wall Street et l'ascension d'Hitler*.

Juillet 1976

Antony C. SUTTON

INTRODUCTION

LES FACETTES INEXPLORÉES DU NAZISME

Depuis le début des années 20, des rapports non fondés ont circulé selon lesquels non seulement les industriels allemands, mais aussi les financiers de Wall Street, ont joué un certain rôle - peut-être un rôle important - dans la montée d'Hitler et du nazisme. Ce livre présente des preuves inédites, dont une grande partie provient des dossiers des tribunaux militaires de Nuremberg, pour étayer cette hypothèse. Cependant, la lecture de ce seul volume ne permet pas de saisir tout l'impact et le caractère suggestif de ces preuves. Deux livres précédents de cette série, *Wall Street et la révolution bolchévique* et *Wall Street et FDR*[1], décrivent les rôles des mêmes entreprises, et souvent des mêmes individus et de leurs collègues directeurs, qui ont travaillé dur pour manipuler et aider la révolution bolchévique en Russie en 1917, soutenir Franklin D. Roosevelt pour son accession à la présidence des États-Unis en 1933, ainsi que pour favoriser l'ascension d'Hitler dans l'Allemagne d'avant-guerre. En bref, ce livre fait partie d'une étude plus approfondie sur la mise en place du socialisme moderne par des socialistes d'entreprise.

Ce groupe politiquement actif de Wall Street est plus ou moins le même cercle élitiste généralement connu par les conservateurs comme "l'establishment libéral", par les libéraux (par exemple G. William Domhoff) comme "la classe dirigeante",[2] et par les théoriciens du

---

[1] Tous deux publiés par Le Retour aux Sources, www.leretourauxsources.com.

[2] *The Higher Circles: The Governing Class in America*, (New York : Vintage, 1970)

complot Gary Allen[3] et Dan Smoot[4] comme les "initiés". Mais quel que soit le nom que l'on donne à ce groupe élitiste qui se perpétue, il est apparemment fondamentalement significatif dans la détermination des affaires mondiales, à un niveau bien supérieur à celui des politiciens élus.

L'influence et le travail de ce même groupe dans l'émergence d'Hitler et de l'Allemagne nazie est le sujet de ce livre. C'est un domaine de recherche historique presque totalement inexploré par le monde universitaire. C'est un champ de mines historique pour les imprudents et les négligents qui ne sont pas conscients des subtilités des procédures de recherche. Les Soviétiques ont longtemps accusé les banquiers de Wall Street de soutenir le fascisme international, mais leur propre dossier de précision historique ne donne guère de crédit à leurs accusations en Occident, et ils ne critiquent bien sûr pas le soutien de leur propre forme de fascisme politique.

Cet auteur se situe dans un autre camp. Précédemment accusé d'être trop critique à l'égard du soviétisme et du socialisme national, tout en ignorant Wall Street et la montée d'Hitler, ce livre, espérons-le, corrigera un déséquilibre philosophique supposé tout à fait inexact et mettra l'accent sur le véritable élément en cause : quel que soit le nom que vous donniez au système collectiviste - socialisme soviétique, socialisme du New Deal, socialisme d'entreprise ou national-socialisme - c'est le citoyen moyen, le type de la rue, qui est finalement perdant face aux pontes qui dirigent l'opération au sommet. Chaque système, à sa manière, est un système de pillage, un dispositif organisationnel destiné à faire vivre (ou tenter de vivre) tout le monde aux dépens des autres, tandis que les dirigeants élitistes, les chefs et les politiciens, raflent la crème de la crème au sommet.

Le rôle de cette élite du pouvoir américain dans l'accession d'Hitler au pouvoir doit également être considéré en conjonction avec un aspect peu connu de l'hitlérisme qui n'est exploré que maintenant : les origines mystiques du nazisme, et ses relations avec la société de Thulé et avec d'autres groupes conspirateurs. Cet auteur n'est pas un expert en occultisme ou en conspiration, mais il est évident que les origines mystiques, les racines historiques néopaïennes du nazisme, les Illuminati bavarois et la société de Thulé sont des domaines relativement peu connus qui doivent encore être explorés par des chercheurs

---

[3] *None Dare Call It Conspiracy*, (Rossmoor : Concord Press, 1971). Pour un autre point de vue basé sur des documents "internes", voir Carroll Quigley, *Tragedy and Hope*, (New York : The Macmillan Company, 1966)

[4] *The Invisible Government*, (Boston : Western Islands, 1962)

techniquement compétents. Certaines recherches sont déjà rédigées en français ; la meilleure introduction en anglais est probablement une traduction de *Hitler et la Tradition Cathare* de Jean Michel Angebert.[5]

Angebert révèle la croisade de 1933 d'Otto Rahn, membre de *Schutzstaffel*, à la recherche du Saint Graal, qui aurait été situé dans le fief cathare du sud de la France. La première hiérarchie nazie (Hitler et Himmler, ainsi que Rudolph Hess et Rosenberg) était imprégnée d'une théologie néopaïenne, en partie associée à la société de Thulé, dont les idéaux étaient proches de ceux des Illuminati bavarois. Cette société était une force motrice submergée par le nazisme, avec une puissante emprise mystique sur les fidèles de la S.S.. Les historiens de notre establishment contemporain mentionnent à peine, et encore moins explorent, ces origines occultes ; par conséquent, ils passent à côté d'un élément tout aussi important que les origines financières du national-socialisme.

En 1950, James Stewart Martin a publié un livre très complet *All Honorable Men*,[6] décrivant ses expériences en tant que chef de la section de guerre économique du ministère de la Justice, qui enquêtait sur la structure de l'industrie nazie. Martin affirme que des hommes d'affaires américains et britanniques ont été nommés à des postes clés dans cette enquête d'après-guerre pour détourner, étouffer et finalement saboter l'enquête sur les industriels nazis et ainsi garder cachée leur propre implication. Un officier britannique a été condamné par la cour martiale à deux ans de prison pour avoir protégé un nazi, et plusieurs officiels américains ont été démis de leurs fonctions. Pourquoi les hommes d'affaires américains et britanniques voudraient-ils protéger les hommes d'affaires nazis ? En public, ils ont fait valoir qu'il s'agissait simplement d'hommes d'affaires allemands qui n'avaient rien à voir avec le régime nazi et étaient innocents de toute complicité dans les conspirations nazies. Martin n'explore pas cette explication en profondeur, mais il est manifestement mécontent et sceptique à ce sujet. Les preuves suggèrent qu'il y a eu un effort concerté non seulement pour protéger les hommes d'affaires nazis, mais aussi pour protéger les éléments collaborateurs des entreprises américaines et britanniques.

---

[5] Publié en anglais sous le titre *The Occult and the Third Reich*, (Les origines mystiques du nazisme et la recherche du Saint Graal), (New York : The Macmillan Company, 1974). Voir aussi Reginald H. Phelps, "*Before Hitler Came*" (Avant l'arrivée d'Hitler) *Thule Society and Germanen Orden*" dans le *Journal of Modern History*, septembre 1968, n° 3.

[6] (Boston : Little Brown and Company, 1950)

Les hommes d'affaires allemands auraient pu révéler beaucoup de faits gênants : En échange d'une protection, ils n'ont pas dit grand-chose. Ce n'est sans doute pas un hasard si les industriels hitlériens jugés à Nuremberg ont reçu moins qu'une tape sur les doigts. Nous nous demandons si les procès de Nuremberg n'auraient pas dû se tenir à Washington - avec quelques hommes d'affaires américains de premier plan ainsi que des hommes d'affaires nazis sur le banc des accusés !

Deux extraits de sources contemporaines introduiront et suggéreront le thème à développer. Le premier extrait est tiré des propres dossiers de Roosevelt. L'ambassadeur américain en Allemagne, William Dodd, a écrit à FDR depuis Berlin le 19 octobre 1936 (trois ans après l'arrivée au pouvoir de Hitler), au sujet des industriels américains et de leur aide aux nazis :

> *Bien que je croie que la paix est notre meilleure politique, je ne peux pas rejeter les craintes que Wilson a soulignées plus d'une fois dans ses conversations avec moi, le 15 août 1915 et plus tard : l'effondrement de la démocratie dans toute l'Europe sera un désastre pour les citoyens. Mais que pouvez-vous faire ? Actuellement, plus d'une centaine de sociétés américaines ont des filiales ici ou des accords de coopération.*
>
> *Les DuPonts ont trois alliés en Allemagne qui apportent leur aide dans le domaine de l'armement. Leur principal allié est la société I.G. Farben, une pourvoyeuse du gouvernement qui donne 200 000 marks par an à une organisation de propagande opérant sur l'opinion américaine. La Standard Oil Company (sous-compagnie new-yorkaise) a envoyé 2 000 000 de dollars ici en décembre 1933 et a gagné 500 000 dollars par an en aidant les Allemands à fabriquer du gaz Ersatz pour les besoins de la guerre ; mais la Standard Oil ne peut sortir aucun de ses revenus hors du pays, sauf en marchandises. Elle n'en fait que très peu, déclare ses revenus chez elle, mais n'explique pas les faits. Le président de l'International Harvester Company m'a dit que leurs affaires ici augmentaient de 33% par an (fabrication d'armes, je crois), mais qu'ils ne pouvaient rien retirer. Même les gens de nos avions ont un arrangement secret avec Krupps. General Motor Company et Ford font d'énormes affaires ici par l'intermédiaire de leurs filiales et n'en retirent aucun profit. Je mentionne ces faits parce qu'ils compliquent les choses et ajoutent aux dangers de guerre.*[7]

Deuxièmement, une citation du journal du même ambassadeur américain en Allemagne. Le lecteur doit garder à l'esprit qu'un représentant de la Vacuum Oil Company citée - ainsi que des représentants d'autres entreprises américaines soutenant les nazis - a été

---

[7] Edgar B. Nixon, éd., *Franklin D. Roosevelt and Foreign Affairs*, Volume III : September 1935-January 1937, (Cambridge : Belknap Press, 1969), p. 456.

nommé à la Commission de contrôle d'après-guerre pour dénazifier les nazis :

> Le 25 janvier. Jeudi. Notre attaché commercial a fait venir le Dr Engelbrecht, président de la compagnie pétrolière sous vide de Hambourg, pour me voir. Engelbrecht a répété ce qu'il avait dit il y a un an : "La Standard Oil Company de New York, la société mère du Vacuum, a dépensé 10.000.000 marks en Allemagne pour essayer de trouver des ressources pétrolières et construire une grande raffinerie près du port de Hambourg." Engelbrecht continue à forer des puits et à trouver beaucoup de pétrole brut dans la région de Hanovre, mais il n'avait aucun espoir de trouver de grands gisements. Il espère que le Dr Schacht subventionnera son entreprise comme le font certaines entreprises allemandes qui n'ont pas trouvé de pétrole brut. Le Vacuum dépense tous ses revenus ici, emploie 1000 hommes et n'envoie jamais d'argent chez lui. Je ne pourrais pas l'encourager.[8]

Et plus encore :

> Ces hommes étaient à peine sortis du bâtiment que l'avocat est revenu pour signaler ses difficultés. Je n'ai rien pu faire. Mais je lui ai demandé : Pourquoi la Standard Oil Company de New York a-t-elle envoyé 1 000 000$ ici en décembre 1933 pour aider les Allemands à fabriquer de l'essence à partir de charbon doux pour les urgences de guerre ? Pourquoi les gens de l'International Harvester continuent-ils à fabriquer en Allemagne alors que leur entreprise ne reçoit rien du pays et qu'elle n'a pas réussi à encaisser ses pertes de guerre ? Il a compris mon point de vue et a convenu que cela paraissait stupide et que cela entraînera des pertes plus importantes si une autre guerre éclate.[9]

L'alliance entre le pouvoir politique nazi et le "Big Business" américain a pu paraître stupide à l'ambassadeur Dodd et à l'avocat américain qu'il a interrogé. En pratique, bien sûr, le "Big Business" est tout sauf stupide lorsqu'il s'agit de promouvoir ses propres intérêts. Les investissements dans l'Allemagne nazie (ainsi que les investissements similaires en Union soviétique) étaient le reflet de politiques plus élevées, avec bien plus qu'un profit immédiat en jeu, même si les bénéfices ne pouvaient pas être rapatriés. Pour retracer ces "politiques supérieures", il faut pénétrer le contrôle financier des multinationales, car ceux qui contrôlent le flux des finances contrôlent en fin de compte les politiques quotidiennes.

---

[8] Édité par William E. Dodd Jr. et Martha Dodd, *Ambassador Dodd's Diary*, 1933-1938, (New York : Harcourt Brace and Company, 1941), p. 303.

[9] Ibid, p. 358.

Carroll Quigley[10] a montré que le sommet de ce système de contrôle financier international avant la Seconde Guerre mondiale était la Banque des Règlements Internationaux, avec des représentants des sociétés bancaires internationales d'Europe et des États-Unis, dans un arrangement qui s'est poursuivi tout au long de la Seconde Guerre mondiale. Pendant la période nazie, le représentant de l'Allemagne à la Banque des Règlements Internationaux était le bon génie financier d'Hitler et président de la Reichsbank, Hjalmar Horace Greeley Schacht.

HJALMAR HORACE GREELEY SCHACHT

L'implication de Wall Street dans l'Allemagne d'Hitler met en évidence deux Allemands ayant des liens avec Wall Street - Hjalmar Schacht et "Putzi" Hanfstaengl. Ce dernier était un ami d'Hitler et de Roosevelt qui a joué un rôle suspicieusement important dans l'incident qui a amené Hitler au sommet du pouvoir dictatorial - l'incendie du Reichstag en 1933.[11]

Les débuts de l'histoire de Hjalmar Schacht, et en particulier son rôle en Union soviétique après la révolution bolchévique de 1917, ont été décrits dans mon livre précédent, *Wall Street et la révolution bolchévique*. L'aîné des Schacht avait travaillé au bureau berlinois de l'Equitable Trust Company de New York au début du XXᵉ siècle. Hjalmar est né en Allemagne plutôt qu'à New York uniquement à cause de la maladie de sa mère, qui a obligé la famille à rentrer en Allemagne. Le frère William Schacht était un citoyen né aux États-Unis. Pour marquer ses origines américaines, les deuxièmes prénoms de Hjalmar ont été désignés par "Horace Greeley", du nom du célèbre homme politique démocrate. Par conséquent, Hjalmar parlait couramment l'anglais et l'interrogatoire d'après-guerre de Schacht dans le cadre du projet Dustbin a été mené à la fois en allemand et en anglais. Il convient de souligner que la famille Schacht a ses origines à New York, qu'elle a travaillé pour l'importante maison financière de Wall Street, Equitable Trust (qui était contrôlée par la firme Morgan), et que tout au long de sa vie, Hjalmar a conservé ces liens avec Wall Street.[12] Les journaux et les sources contemporaines font état de visites répétées avec Owen Young de

---

[10] Quigley, op. cit.

[11] Pour plus d'informations sur le "Putzi" Hanfstaengl, voir le chapitre neuf.

[12] Voir Sutton, *Wall Street et la révolution bolchévique*, op. cit. pour les relations de Schacht avec les Soviétiques et Wall Street, et sa direction d'une banque soviétique.

General Electric, Farish, président de Standard Oil du New Jersey, et leurs homologues bancaires. En bref, Schacht était un membre de l'élite financière internationale qui exerce son pouvoir dans les coulisses de l'appareil politique d'une nation. Il est un lien clé entre l'élite de Wall Street et le cercle restreint d'Hitler.

Ce livre est divisé en deux grandes parties. La première partie retrace la montée en puissance des cartels allemands à travers les Plans Dawes et Young dans les années 1920. Ces cartels étaient les principaux partisans d'Hitler et du nazisme et ont été directement responsables de l'arrivée au pouvoir des nazis en 1933. Le rôle des entreprises américaines I.G. Farben, General Electric, Standard Oil of New Jersey, Ford et d'autres entreprises américaines est décrit. La deuxième partie présente les preuves documentaires connues sur le financement d'Hitler, avec une reproduction photographique des bordereaux de virement bancaire utilisés pour transférer des fonds de Farben, General Electric et d'autres entreprises à Hitler, par l'intermédiaire de Hjalmar Horace Greeley Schacht.

CHAPITRE I

WALL STREET OUVRE LA VOIE À HITLER

Le plan Dawes, adopté en août 1924, s'inscrit parfaitement dans les plans des économistes militaires de l'état-major allemand.

(Témoignage devant le Sénat américain, Commission des affaires militaires, 1946).

La commission Kilgore du Sénat américain de l'après-guerre a entendu des témoignages détaillés de fonctionnaires du gouvernement selon lesquels

... lorsque les nazis sont arrivés au pouvoir en 1933, ils ont constaté que de longs progrès avaient été accomplis depuis 1918 pour préparer l'Allemagne à la guerre d'un point de vue économique et industriel.[13]

La préparation à la guerre européenne avant et après 1933 a été en grande partie due à l'aide financière de Wall Street dans les années 1920 pour créer le système des cartels allemands, et à l'assistance technique de sociétés américaines bien connues qui seront identifiées plus tard, pour construire la Wehrmacht allemande. Alors que cette assistance financière et technique est qualifiée d'"accidentelle" ou due à l'"aveuglement" des hommes d'affaires américains, les éléments présentés ci-dessous suggèrent fortement un certain degré de préméditation de la part de ces financiers américains. Des plaidoyers similaires et inacceptables d'"accident" ont été formulés au nom des financiers et des industriels américains dans l'exemple parallèle de la construction de la puissance militaire de l'Union soviétique à partir de 1917. Pourtant, ces capitalistes américains étaient prêts à financer et à subventionner l'Union soviétique pendant la guerre du Vietnam, sachant que les Soviétiques

---

[13] Congrès des États-Unis. Sénat. Auditions devant une sous-commission de la commission des affaires militaires. Élimination des ressources allemandes pour la guerre. Rapport en vertu des Résolutions 107 et 146, 2 juillet 1945, Partie 7, (78e Congrès et 79e Congrès), (Washington : Government Printing Office, 1945), ci-après dénommé Élimination des ressources allemandes.

subventionnaient l'ennemi que l'armée américaine combattait de l'autre côté.

La contribution du capitalisme américain aux préparatifs de guerre allemands avant 1940 ne peut être qualifiée que de phénoménale. Elle a certainement été cruciale pour les capacités militaires allemandes.

Par exemple, en 1934, l'Allemagne ne produisait sur son territoire que 300 000 tonnes de produits pétroliers naturels et moins de 800 000 tonnes d'essence synthétique ; le reste était importé. Pourtant, dix ans plus tard, pendant la Seconde Guerre mondiale, après le transfert des brevets et de la technologie d'hydrogénation de la Standard Oil du New Jersey à I.G. Farben (utilisée pour produire de l'essence synthétique à partir du charbon), l'Allemagne a produit environ 6,5 millions de tonnes de pétrole - dont 85% (5,5 millions de tonnes) étaient du pétrole synthétique selon le procédé d'hydrogénation de la Standard Oil. De plus, le contrôle de la production de pétrole synthétique en Allemagne était détenu par la filiale d'I.G. Farben, Braunkohle-Benzin A. G., et ce cartel Farben lui-même a été créé en 1926 avec l'aide financière de Wall Street.

D'autre part, l'impression générale laissée au lecteur par les historiens modernes est que cette assistance technique américaine était accidentelle et que les industriels américains étaient innocents de tout méfait. Par exemple, le Comité Kilgore a déclaré :

> *Les États-Unis ont accidentellement joué un rôle important dans l'armement technique de l'Allemagne. Bien que les planificateurs militaires allemands aient ordonné et persuadé les entreprises manufacturières, d'installer des équipements modernes pour la production de masse, ni les économistes militaires, ni les entreprises ne semblent avoir réalisé dans toute leur ampleur ce que cela signifiait. Leurs yeux se sont ouverts lorsque deux des principales sociétés automobiles américaines ont construit des usines en Allemagne afin de vendre sur le marché européen, sans le handicap des frais de transport maritime et des tarifs allemands élevés. Les Allemands ont été amenés à Detroit pour apprendre les techniques de production spécialisée de composants et d'assemblage à la chaîne. Ce qu'ils ont vu a entraîné une réorganisation et un réaménagement d'autres usines de guerre allemandes importantes. Les techniques apprises à Detroit ont finalement été utilisées pour construire les Stukas .... de bombardement en piqué à une période ultérieure... I.G. Farben dans ce pays a permis à un flot d'ingénieurs allemands de visiter non seulement des usines d'avions mais aussi d'autres usines d'importance militaire, dans lesquelles ils ont*

appris beaucoup de choses qui ont finalement été utilisées contre les États-Unis.[14]

À la suite de ces observations, qui soulignent le caractère "accidentel" de l'aide, des auteurs universitaires tels que Gabriel Kolko, qui n'est généralement pas un partisan des grandes entreprises, ont conclu que :

> *Il est presque superflu de souligner que les motifs des entreprises américaines liées à des contrats avec des entreprises allemandes n'étaient pas complètement pronazies...*[15]

Pourtant, Kolko affirme au contraire que les analyses de la presse économique américaine contemporaine confirment que les revues et journaux économiques étaient pleinement conscients de la menace nazie et de sa nature, tout en avertissant leurs lecteurs économiques des préparatifs de guerre allemands. Et même Kolko l'admet :

> *La presse économique [aux États-Unis] savait, dès 1935, que la prospérité allemande reposait sur les préparatifs de guerre. Plus important encore, elle était consciente du fait que l'industrie allemande était sous le contrôle des nazis et était destinée à servir le réarmement de l'Allemagne, et l'entreprise la plus souvent mentionnée dans ce contexte était le géant de la chimie, I.G. Farben.*[16]

De plus, les preuves présentées ci-dessous suggèrent que non seulement un secteur influent des entreprises américaines était conscient de la nature du nazisme, mais qu'il a aidé le nazisme chaque fois que cela était possible (et rentable) - en *sachant parfaitement que l'issue probable serait une guerre impliquant l'Europe et les États-Unis*. Comme nous le verrons, les plaidoyers d'innocence ne correspondent pas aux faits.

1924 : LE PLAN DAWES

Le traité de Versailles, après la Première Guerre mondiale, a imposé une lourde charge de réparations à l'Allemagne vaincue. Cette charge financière - véritable cause du mécontentement allemand qui a conduit à l'acceptation de l'hitlérisme - a été utilisée par les banquiers internationaux à leur propre profit.

---

[14] Élimination des ressources allemandes, p. 174.

[15] Gabriel Kolko, "American Business and Germany, 1930-1941", *The Western Political Quarterly*, Volume XV, 1962.

[16] Ibid, p. 715.

L'opportunité d'accorder des prêts rentables aux cartels allemands aux États-Unis a été présentée par le plan Dawes et plus tard par le plan Young. Les deux plans ont été conçus par ces banquiers centraux, qui ont constitué les comités pour leurs propres avantages pécuniaires, et bien que techniquement les comités n'aient pas été nommés par le gouvernement américain, les plans ont en fait été approuvés et parrainés par le gouvernement.

Le marchandage d'après-guerre par les financiers et les politiciens a fixé les réparations allemandes à une redevance annuelle de 132 milliards de marks d'or. Cela représentait environ un quart du total des exportations allemandes de 1921. Lorsque l'Allemagne n'a pas pu effectuer ces paiements écrasants, la France et la Belgique ont occupé la Ruhr pour prendre par la force ce qui ne pouvait être cédé volontairement. En 1924, les Alliés ont nommé un comité de banquiers (dirigé par le banquier américain Charles G. Dawes) pour élaborer un programme de paiements de réparation. Le plan Dawes qui en résulta fut, selon Carroll Quigley, professeur de relations internationales à l'université de Georgetown, "en grande partie une production de J.P. Morgan".[17] Le plan Dawes a organisé une série de prêts étrangers totalisant 800 millions de dollars dont le produit a été versé à l'Allemagne. Ces prêts sont importants pour notre histoire car les recettes, collectées en grande partie aux États-Unis auprès d'investisseurs en dollars, ont été utilisées au milieu des années 20 pour créer et consolider les gigantesques combinaisons de produits chimiques et d'acier de I.G. Farben et Vereinigte Stahlwerke, respectivement. Ces cartels ont non seulement aidé Hitler à prendre le pouvoir en 1933, mais ils ont également fourni la majeure partie du matériel de guerre allemand utilisé pendant la Seconde Guerre mondiale.

Entre 1924 et 1931, dans le cadre du plan Dawes et du plan Young, l'Allemagne a versé aux Alliés environ 86 milliards de marks de réparations. Dans le même temps, l'Allemagne a emprunté à l'étranger, principalement aux États-Unis, environ 138 milliards de marks - ce qui représente un paiement net de seulement trois milliards de marks pour les réparations. Par conséquent, la charge des réparations monétaires allemandes aux Alliés a en fait été supportée par les souscripteurs étrangers d'obligations allemandes émises par les établissements financiers de Wall Street - avec, bien sûr, des bénéfices importants pour eux-mêmes. Et, notons que ces entreprises appartenaient aux mêmes financiers qui, périodiquement, enlevaient leur chapeau de banquier et en mettaient de nouveaux pour devenir des "hommes d'État". En tant

---

[17] Carroll Quigley, op. cit.

qu'"hommes d'État", ils ont formulé les plans Dawes et Young pour "résoudre" le "problème" des réparations. En tant que banquiers, ils ont fait circuler les prêts. Comme le souligne Carroll Quigley,

> *Il convient de noter que ce système a été mis en place par les banquiers internationaux et que le prêt ultérieur de l'argent d'autrui à l'Allemagne a été très profitable pour ces banquiers.*[18]

Qui sont les banquiers internationaux de New York qui ont formé ces commissions de réparation ?

Les experts américains du plan Dawes de 1924 étaient le banquier Charles Dawes et le représentant de Morgan, Owen Young, qui était président de la General Electric Company. Dawes était président du Comité d'experts alliés en 1924. En 1929, Owen Young devint président du Comité des experts, soutenu par J.P. Morgan lui-même, avec comme suppléants T. W. Lamont, un partenaire de Morgan, et T. N. Perkins, un banquier des associations de Morgan. En d'autres termes, les délégations américaines étaient purement et simplement, comme l'a souligné Quigley, des délégations J. P. Morgan utilisant l'autorité et le sceau des États-Unis pour promouvoir des plans financiers pour leur propre avantage pécuniaire. En conséquence, comme le dit Quigley, les "banquiers internationaux se sont assis au paradis, sous une pluie de frais et de commissions".[19]

Les membres allemands du comité d'experts étaient tout aussi intéressants. En 1924, Hjalmar Schacht était président de la Reichsbank et avait joué un rôle important dans l'organisation du plan Dawes, tout comme le banquier allemand Carl Melchior. L'un des délégués allemands de 1928 était A. Voegler du cartel sidérurgique allemand Stahlwerke Vereinigte. En bref, les deux pays importants impliqués - les États-Unis et l'Allemagne - étaient représentés par les banquiers Morgan d'un côté et Schacht et Voegler de l'autre, tous deux ayant joué un rôle clé dans la montée de l'Allemagne hitlérienne et le réarmement allemand qui s'en est suivi.

Enfin, les membres et les conseillers des commissions Dawes et Young n'étaient pas seulement associés aux maisons de finance new-yorkaises mais, comme nous le verrons plus tard, ils étaient directeurs d'entreprises au sein des cartels allemands qui ont aidé Hitler à prendre le pouvoir.

---

[18] Ibid, p. 308.

[19] Carroll Quigley, op. cit. p. 309.

1928 : LE PLAN YOUNG

Selon le génie financier d'Hitler, Hjalmar Horace Greeley Schacht, et l'industriel nazi Fritz Thyssen, c'est le plan Young de 1928 (le successeur du plan Dawes), formulé par l'agent de Morgan Owen D. Young, qui a porté Hitler au pouvoir en 1933. Fritz Thyssen affirme que,

> *Je ne me suis tourné vers le parti national-socialiste qu'après avoir acquis la conviction que la lutte contre le Plan Young était inévitable si l'on voulait éviter l'effondrement complet de l'Allemagne.*[20]

La différence entre le Plan Young et le Plan Dawes est que, alors que le Plan Young exigeait des paiements en biens produits en Allemagne financés par des emprunts étrangers, le Plan Dawes exigeait des paiements monétaires et "Selon mon jugement [écrit Thyssen], la dette financière ainsi créée était destinée à perturber toute l'économie du Reich".

Le Plan Young était prétendument un dispositif visant à occuper l'Allemagne avec des capitaux américains et à mettre en gage des biens immobiliers allemands pour une gigantesque hypothèque détenue aux États-Unis. Il convient de noter que les entreprises allemandes affiliées aux États-Unis ont échappé au plan par le biais de la propriété étrangère temporaire. Par exemple, A.E.G. (General Electric allemand), affiliée à General Electric aux États-Unis, a été vendue à un holding franco-belge et a échappé aux conditions du plan Young. Il convient de noter au passage qu'Owen Young était le principal bailleur de fonds de Franklin D. Roosevelt dans l'entreprise européenne unie lorsque FDR, en tant que financier bourgeonnant de Wall Street, s'est efforcé de tirer parti de l'hyperinflation allemande de 1925. L'entreprise européenne unie était un véhicule pour spéculer et faire des profits lors de l'imposition du plan Dawes, et est la preuve évidente que des financiers privés (dont Franklin D. Roosevelt) utilisent le pouvoir de l'État pour faire avancer leurs propres intérêts en manipulant la politique étrangère.

L'accusation parallèle de Schacht selon laquelle Owen Young était responsable de l'ascension d'Hitler, bien qu'elle soit manifestement intéressée, est consignée dans un rapport des services de renseignements du gouvernement américain relatant l'interrogatoire du Dr Fritz Thyssen en septembre 1945 :

---

[20] Fritz Thyssen, *I Paid Hitler*, (New York : Farrar & Rinehart, Inc., n.d.), p. 88.

> *L'acceptation du plan Young et de ses principes financiers a fait augmenter le chômage de plus en plus, jusqu'à ce qu'environ un million de personnes soient au chômage.*
>
> *Les gens étaient désespérés. Hitler a dit qu'il supprimerait le chômage. Le gouvernement au pouvoir à cette époque était très mauvais, et la situation du peuple empirait. C'est la raison pour laquelle Hitler a remporté un énorme succès aux élections. Lors des dernières élections, il a obtenu environ 40%.*[21]

Cependant, c'est Schacht, et non Owen Young, qui a conçu l'idée qui est devenue plus tard la Banque des Règlements Internationaux. Les détails concrets ont été mis au point lors d'une conférence présidée par Jackson Reynolds, "l'un des principaux banquiers de New York", avec Melvin Traylor de la First National Bank of Chicago, Sir Charles Addis, anciennement de la Hong Kong and Shanghai Banking Corporation, et divers banquiers français et allemands.[22] La B.I.S. était essentielle dans le cadre du plan Young, car elle permettait de disposer d'un instrument prêt à l'emploi pour promouvoir les relations financières internationales. Selon ses propres déclarations, Schacht a également donné à Owen Young l'idée qui est devenue plus tard la Banque Internationale pour la Reconstruction et le Développement de l'après-guerre :

> *"Une banque de ce type exigera une coopération financière entre les vaincus et les vainqueurs qui mènera à une communauté d'intérêts qui, à son tour, donnera lieu à une confiance et à une compréhension mutuelles et, ainsi, favorisera et assurera la paix".*
>
> *Je me souviens encore très bien du cadre dans lequel cette conversation s'est déroulée. Owen Young était assis dans son fauteuil, soufflant sur sa pipe, les jambes tendues, ses yeux perçants fixés sur moi. Comme j'ai l'habitude de le faire lorsque je propose de tels arguments, je faisais un "aller-retour" tranquille et régulier de long en large de la pièce. Quand j'ai eu fini, il y a eu une brève pause. Puis tout son visage s'est illuminé et sa détermination a trouvé son expression dans les mots :*
>
> *"Dr Schacht, vous m'avez donné une merveilleuse idée et je vais la vendre au monde entier."*[23]

---

[21] U.S. Group Control Council (Allemagne), Office of the Director of Intelligence, Intelligence Report No. EF/ME/1, 4 septembre 1945. Voir également Hjalmar Schacht, *Confessions of an Old Wizard*, (Boston : Houghton Mifflin, 1956)

[22] Hjalmar Schacht, op cit. p. 18. Fritz Thyssen ajoute : "Même à l'époque, M. Dillon, un banquier new-yorkais d'origine juive que j'admire beaucoup, m'a dit : 'À ta place, je ne signerais pas le plan'".

[23] Ibid, p. 282.

LA B.R.I. - LE SOMMET DU CONTRÔLE

Ce jeu d'idées et de coopération entre Hjalmar Schacht en Allemagne et, par l'intermédiaire d'Owen Young, les intérêts de J.P. Morgan à New York, n'était qu'une facette d'un vaste et ambitieux système de coopération et d'alliance internationale pour le contrôle du monde. Comme le décrit Carroll Quigley, ce système consistait en :

> "... rien de moins que de créer un système mondial de contrôle financier, entre des mains privées, capable de dominer le système politique de chaque pays et l'économie du monde dans son ensemble.[24]

Ce système féodal a fonctionné dans les années 1920, comme il fonctionne aujourd'hui, par l'intermédiaire des banquiers centraux privés de chaque pays qui contrôlent la masse monétaire nationale des différentes économies. Dans les années 1920 et 1930, le système de la Réserve Fédérale de New York, la Banque d'Angleterre, la Reichsbank en Allemagne et la Banque de France ont également plus ou moins influencé indirectement l'appareil politique de leurs pays respectifs par le contrôle de la masse monétaire et la création de l'environnement monétaire. Une influence plus directe a été réalisée en fournissant des fonds politiques aux politiciens et aux partis politiques, ou en leur retirant leur soutien. Aux États-Unis, par exemple, le président Herbert Hoover a imputé sa défaite de 1932 au retrait du soutien de Wall Street et au transfert des finances et de l'influence de Wall Street à Franklin D. Roosevelt.

Les politiciens sensibles aux objectifs du capitalisme financier, et les académies proliférant avec des idées de contrôle mondial utiles aux banquiers internationaux, sont maintenus dans la ligne d'un système de récompenses et de pénalités. Au début des années 1930, la Banque des Règlements Internationaux de Bâle, en Suisse, était le vecteur de ce système international de contrôle financier et politique, que Quigley appelait "le sommet du système". Le sommet de la B.I.S. a poursuivi son travail pendant la Seconde Guerre mondiale en tant que moyen par lequel les banquiers - qui n'étaient apparemment pas en guerre les uns avec les autres - ont poursuivi un échange mutuellement bénéfique d'idées, d'informations et de planification pour le monde de l'après-guerre. Comme l'a fait remarquer un auteur, la guerre n'a fait aucune différence pour les banquiers internationaux :

> *Le fait que la Banque dispose d'un personnel véritablement international présentait, bien entendu, une situation très anormale en*

---

[24] Carroll Quigley, op. cit. p. 324.

temps de guerre. Un président américain traitait les affaires courantes de la Banque par l'intermédiaire d'un directeur général français, qui avait un directeur général adjoint allemand, tandis que le secrétaire général était un sujet italien. D'autres ressortissants occupaient d'autres postes. Ces hommes étaient, bien entendu, en contact personnel quotidien les uns avec les autres.

À l'exception de M. McKittrick [voir infra], les vols étaient bien sûr situés en permanence en Suisse pendant cette période et n'étaient pas censés être soumis aux ordres de leur gouvernement à un moment quelconque. Cependant, les directeurs de la Banque sont restés, bien entendu, dans leurs pays respectifs et n'ont eu aucun contact direct avec le personnel de la Banque. Il est cependant allégué que H. Schacht, président de la Reichsbank, a gardé un représentant personnel à Bâle pendant la majeure partie de cette période.[25]

Ce sont ces réunions secrètes, "... des réunions plus secrètes que toutes celles jamais tenues par les francs-maçons de l'Arche royale ou par tout ordre rosicrucien..."[26] entre les banquiers centraux au "sommet" du contrôle qui ont tant intrigué les journalistes contemporains, bien qu'ils n'aient que rarement et brièvement pénétré ce secret.

LA CONSTRUCTION DES CARTELS ALLEMANDS

Le système allemand des cartels est un exemple pratique de la façon dont la finance internationale opère en coulisses pour construire et manipuler des systèmes politico-économiques. Les trois plus gros prêts gérés par les banquiers internationaux de Wall Street pour des emprunteurs allemands dans les années 1920 dans le cadre du plan Dawes étaient au profit de trois cartels allemands qui, quelques années plus tard, ont aidé Hitler et les nazis à prendre le pouvoir. Les financiers américains étaient directement représentés au sein des conseils d'administration de deux de ces trois cartels allemands. Cette aide américaine aux cartels allemands a été décrite par James Martin comme suit :

> "Ces prêts pour la reconstruction sont devenus un véhicule pour des arrangements qui ont fait plus pour promouvoir la Seconde Guerre mondiale que pour établir la paix après la Première Guerre mondiale."[27]

---

[25] Henry H. Schloss, *La Banque des Règlements Internationaux* (Amsterdam, : North Holland Publishing Company, 1958)

[26] John Hargrave, *Montagu Norman*, (New York : The Greystone Press, n.d.). p. 108.

[27] James Stewart Martin, op. cit. p. 70.

Les trois cartels dominants, les montants empruntés et le syndicat flottant de Wall Street étaient les suivants :

Le cartel allemand	Syndicat de Wall Street	Montant émis
Elektrizitats-Gesellschaft (A.E.G.) (société allemande d'électricité générale)	National City Co.	$35,000,000
Vereinigte Stahlwerke (United Steelworks)	Dillon, Read & Co.	$70,225,000
Américain I.G. Chemical (I.G. Farben)	National City Co.	$30,000,000

Si l'on considère l'ensemble des prêts accordés[28], il apparaît que seule une poignée d'établissements financiers new-yorkais ont pris en charge le financement des réparations allemandes. Trois sociétés - Dillon, Read Co., Harris, Forbes & Co. et National City Company - ont émis près des trois quarts de la valeur nominale totale des prêts et ont récolté la plupart des bénéfices :

Responsable du syndicat de Wall Street	Participation aux questions industrielles allemandes sur le marché des capitaux américain	Bénéfices sur les prêts allemands*.	Pourcentage du total
Dillon, Read & Co.	$241,325,000	2,7 millions de dollars	29.2
Harris, Forbes & Co.	$186,500,000	1,4 million dollars	22.6
National City Co.	$173,000,000	5,0 millions dollars	20.9
Speyer & Co.	$59,500,000	0,6 million dollars	7.2
Lee, Higginson & Co.	$53,000,000	n.a.	6.4
Guaranty Co. de N.Y.	$41,575,000	0,2 million dollars	5.0
Kuhn, Loeb & Co.	$37,500,000	0,2 million	4.5

---

[28] Voir le chapitre 7 pour plus de détails sur les prêts de Wall Street à l'industrie allemande.

Equitable Trust Co.	$34,000,000	0,3 million dollars	4.1
TOTAL	$826,400,000	10,4 millions de dollars	99.9

Source : Voir annexe A

*Robert R. Kuczynski, Bankers Profits from German Loans (Washington, D.C. : Brookings Institution, 1932), p. 127.

Après le milieu des années 20, les deux grands groupes allemands, I.G. Farben et Vereinigte Stahlwerke, ont dominé le système des cartels de la chimie et de l'acier créé par ces prêts.

Bien que ces entreprises n'aient eu une majorité de vote dans les ententes que pour deux ou trois produits de base, elles ont pu - grâce au contrôle de ces produits de base - faire respecter leur volonté tout au long de l'entente. I.G. Farben était le principal producteur de produits chimiques de base utilisés par d'autres fabricants de produits chimiques en combinaison, de sorte que sa position de puissance économique ne peut être mesurée uniquement par sa capacité à produire quelques produits chimiques de base. De même, Vereinigte Stahlwerke, dont la capacité de production de fonte brute est supérieure à celle de tous les autres producteurs allemands de fer et d'acier réunis, a pu exercer une influence bien plus grande sur l'entente sur les produits sidérurgiques semi-finis que ne le laisse supposer sa capacité de production de fonte brute. Malgré cela, le pourcentage de production de ces ententes pour l'ensemble des produits était significatif :

Produits de Vereinigte Stahlwerke	Pourcentage de la production totale allemande en 1938
Fer à repasser	50.8
Tubes et tuyaux	45.5
La tôle forte	36.0
Explosifs	35.0
Goudron de houille	33.3
Acier en barres	37.1

I.G. Farben	Pourcentage du total allemand production en 1937
Méthanol synthétique	100.0
Magnésium	100.0
Azote chimique	70.0
Explosifs	60.0
Essence synthétique (à indice d'octane élevé)	46.0 (1945)
Lignite	20.0

Parmi les produits qui ont amené I.G. Farben et Vereinigte Stahlwerke à une collaboration mutuelle, on trouve le goudron de houille et l'azote chimique, tous deux de première importance pour la fabrication d'explosifs. I.G. Farben occupait une position de cartel qui lui assurait une position dominante dans la fabrication et la vente d'azote chimique, mais ne possédait qu'environ un pour cent de la capacité de cokéfaction de l'Allemagne. Un accord a donc été conclu en vertu duquel les filiales de Farben spécialisées dans les explosifs se procuraient leur benzol, leur toluol et d'autres produits primaires à base de goudron de houille aux conditions dictées par Vereinigte Stahlwerke, tandis que la filiale de Vereinigte Stahlwerke spécialisée dans les explosifs était dépendante pour ses nitrates aux conditions fixées par Farben. Dans le cadre de ce système de collaboration mutuelle et d'interdépendance, les deux cartels, I.G. Farben et Vereinigte Stahlwerke, ont produit 95% des explosifs allemands en 1957-8 à la veille de la Seconde Guerre mondiale. *Cette production a été réalisée grâce à des prêts américains et, dans une certaine mesure, à la technologie américaine.*

La coopération I.G. Farben-Standard Oil pour la production de pétrole synthétique à partir du charbon a donné au cartel I.G. Farben le monopole de la production d'essence allemande pendant la Seconde Guerre mondiale. En 1945, un peu moins de la moitié de l'essence allemande à indice d'octane élevé était produite directement par I.G. Farben et la majeure partie du reste par ses sociétés affiliées.

En bref, en ce qui concerne l'essence synthétique et les explosifs (deux des éléments de base de la guerre moderne), le contrôle de la production allemande de la Seconde Guerre mondiale était entre les mains de deux conglomérats allemands créés par des prêts de Wall Street dans le cadre du plan Dawes.

De plus, l'aide américaine aux efforts de guerre nazis s'est étendue à d'autres domaines.[29] Les deux plus grands producteurs de chars dans l'Allemagne d'Hitler étaient Opel, une filiale à part entière de General Motors (contrôlée par la firme J.P. Morgan), et la filiale Ford A.G. de la Ford Motor Company de Detroit. Les nazis accordèrent un statut d'exonération fiscale à Opel en 1936, pour permettre à General Motors d'étendre ses installations de production. General Motors a réinvesti les bénéfices qui en ont résulté dans l'industrie allemande. Henry Ford a été décoré par les nazis pour ses services rendus au nazisme. (Voir p. 93.) Alcoa et Dow Chemical ont travaillé en étroite collaboration avec l'industrie nazie en procédant à de nombreux transferts de leurs technologie américaine. Bendix Aviation, dans laquelle la société General Motors contrôlée par J.P. Morgan avait une participation importante, fournissait à Siemens & Halske A. G. en Allemagne des données sur les pilotes automatiques et les instruments de bord. Jusqu'en 1940, pendant la "guerre non officielle", Bendix Aviation a fourni à Robert Bosch des données techniques complètes pour les démarreurs d'avions et de moteurs diesel et a reçu des redevances en retour.

En bref, les entreprises américaines associées aux banquiers d'affaires internationaux de Morgan-Rockefeller - et non, il faut le noter, la grande majorité des industriels américains indépendants - étaient intimement liées à la croissance de l'industrie nazie. Il est important de noter, en développant notre histoire, que General Motors, Ford, General Electric, DuPont et la poignée de sociétés américaines intimement liées au développement de l'Allemagne nazie étaient - à l'exception de la Ford Motor Company - contrôlées par l'élite de Wall Street - la firme J.P. Morgan, la Rockefeller Chase Bank et, dans une moindre mesure, la Warburg Manhattan Bank.[30] Ce livre n'est pas une mise en accusation de toute l'industrie et de la finance américaines. Il s'agit d'une mise en accusation de "l'élite" - ces entreprises contrôlées par une poignée de maisons financières, le système de la Federal Reserve Bank, la Banque des Règlements Internationaux, et leurs accords de coopération internationale et cartels qui tentent de contrôler le cours de la politique et de l'économie mondiales.

---

[29] Voir Gabriel Kolko, op. cit. pour de nombreux exemples.

[30] En 1956, les banques Chase et Manhattan ont fusionné pour devenir la Chase Manhattan.

CHAPITRE II

L'EMPIRE I.G. FARBEN

Farben était Hitler et Hitler était Farben.

(Sénateur Homer T. Bone devant la commission sénatoriale des affaires militaires, 4 juin 1943).

À la veille de la Seconde Guerre mondiale, le complexe chimique allemand d'I.G. Farben était la plus grande entreprise de fabrication de produits chimiques au monde, avec une puissance et une influence politiques et économiques extraordinaires au sein de l'État nazi hitlérien. I.G. Farben a été décrit à juste titre comme "un État dans un État".

Le cartel Farben date de 1925, lorsque le génie organisateur Hermann Schmitz (avec l'aide financière de Wall Street) a créé la giga-entreprise chimique à partir de six entreprises chimiques allemandes déjà géantes - Badische Anilin, Bayer, Agfa, Hoechst, Weilertermeer et Griesheim-Elektron. Ces entreprises ont fusionné pour devenir l'Internationale Gesellschaft Farbenindustrie A.G. - ou I.G. Farben en abrégé. Vingt ans plus tard, le même Hermann Schmitz a été jugé à Nuremberg pour des crimes de guerre commis par le cartel I.G. D'autres directeurs d'I.G. Farben furent jugés, mais les filiales américaines d'I.G. Farben et les directeurs américains d'I.G. elle-même furent tranquillement oubliés ; la vérité fut enterrée dans les archives.

Ce sont ces connexions américaines à Wall Street qui nous préoccupent. Sans les capitaux fournis par Wall Street, il n'y aurait pas eu I.G. Farben en premier lieu et presque certainement pas Adolf Hitler et la Seconde Guerre mondiale.

Parmi les banquiers allemands siégeant au Farben *Aufsichsrat* (le conseil de surveillance)[31] à la fin des années 1920, on trouve le banquier hambourgeois Max Warburg, dont le frère Paul Warburg a été l'un des fondateurs du système de la Réserve Fédérale aux États-Unis. Ce n'est pas un hasard si Paul Warburg était également membre du conseil d'administration d'American I.G., la filiale américaine à part entière de Farben. En plus de Max Warburg et Hermann Schmitz, qui furent les artisans de la création de l'empire Farben, les premiers membres du Farben *Vorstand* étaient Carl Bosch, Fritzter Meer, Kurt Oppenheim et George von Schnitzler.[32] Tous, sauf Max Warburg, ont été accusés de "crimes de guerre" après la Seconde Guerre mondiale.

En 1928, les holdings américains de I.G. Farben (c'est-à-dire la société Bayer, General Aniline Works, Agfa Ansco et Winthrop Chemical Company) ont été organisés en une société holding suisse, I.G. Chemic (Inter-nationale Gesellschaft fur Chemisehe Unternehmungen A. G.), contrôlée par I.G. Farben en Allemagne. L'année suivante, ces sociétés américaines fusionnent pour devenir l'américaine I.G. Chemical Corporation, rebaptisée plus tard General Aniline & Film. Hermann Schmitz, l'organisateur de I.G. Farben en 1925, est devenu un des premiers nazis importants et un partisan de Hitler, ainsi que le président de la société suisse I.G. Chemic et le président de la société américaine I.G. Le complexe Farben, tant en Allemagne qu'aux États-Unis, est alors devenu une partie intégrante de la formation et du fonctionnement de la machine d'État nazie, la Wehrmacht et la S.S.

I.G. Farben présente un intérêt particulier pour la formation de l'État nazi car les directeurs de Farben y ont contribué matériellement. Hitler et les nazis au pouvoir en 1933. Nous avons des preuves photographiques (voir page 60) que I.G. Farben a contribué à hauteur de 400 000 RM à la "caisse noire" politique d'Hitler. C'est ce fonds secret qui a financé la prise de contrôle par les nazis en mars 1933. Bien des années auparavant, Farben avait obtenu des fonds de Wall Street pour la cartellisation et l'expansion de 1925 en Allemagne et 30 millions de dollars pour I.G. américain en 1929, et avait des directeurs de Wall Street au sein du conseil d'administration de Farben. Il faut noter que ces fonds ont été collectés et les directeurs nommés des années avant qu'Hitler ne soit promu dictateur allemand.

---

[31] Les entreprises allemandes ont un conseil d'administration à deux niveaux. L'*Aufsichsrat* s'occupe de la surveillance générale, y compris de la politique financière, tandis que le *Vorstand* s'occupe de la gestion quotidienne.

[32] Extrait de *Der Farben-Konzern* 1928, (Hoppenstedt, Berlin : 1928), pp. 4-5.

LA PUISSANCE ÉCONOMIQUE DE I.G. FARBEN

Des observateurs qualifiés ont fait valoir que l'Allemagne n'aurait pas pu entrer en guerre en 1939 sans I.G. Farben. Entre 1927 et le début de la Seconde Guerre mondiale, I.G. Farben a doublé de taille, une expansion rendue possible en grande partie par l'assistance technique américaine et par les émissions d'obligations américaines, comme celle de 30 millions de dollars offerte par la National City Bank. En 1939, I.G. acquiert une participation et une influence de gestion dans quelque 380 autres entreprises allemandes et plus de 500 entreprises étrangères. L'empire Farben possédait ses propres mines de charbon, ses propres centrales électriques, des unités sidérurgiques, des banques, des unités de recherche et de nombreuses entreprises commerciales. Il y a eu plus de 2000 accords de cartel entre I.G. et des entreprises étrangères - y compris Standard Oil du New Jersey, DuPont, Alcoa, Dow Chemical, et d'autres aux États-Unis. L'histoire complète de I.G., Farben et de ses activités mondiales avant la Seconde Guerre mondiale ne pourra jamais être connue, car les principaux documents allemands ont été détruits en 1945 en prévision de la victoire des Alliés. Cependant, une enquête menée après la guerre par le ministère américain de la guerre a conclu que :

> *Sans les immenses installations de production d'I.G., sa recherche intensive et ses vastes affiliations internationales, la poursuite de la guerre par l'Allemagne aurait été impensable et impossible. Farben n'a pas seulement concentré ses énergies sur l'armement de l'Allemagne, mais aussi sur l'affaiblissement de ses victimes potentielles, et cette tentative à double sens d'étendre le potentiel industriel allemand pour la guerre et de restreindre celui du reste du monde n'a pas été conçue et exécutée "dans le cours normal des affaires". La preuve accablante que les fonctionnaires de I.G. Farben avaient une connaissance préalable complète du plan de conquête du monde par l'Allemagne et de chaque acte agressif spécifique entrepris par la suite.*[33]

Les directeurs des entreprises Farben (c'est-à-dire les "fonctionnaires I.G. Farben" mentionnés dans l'enquête) comprenaient non seulement des Allemands mais aussi d'éminents financiers américains. Ce rapport du département de guerre américain de 1945 concluait que la mission d'I.G., confiée par Hitler dans la période d'avant-guerre, était de rendre l'Allemagne autosuffisante en caoutchouc, essence, huiles lubrifiantes, magnésium, fibres, agents de tannage, graisses et explosifs. Pour remplir cette mission essentielle, I.G. a dépensé des sommes considérables dans des processus d'extraction de ces matériels de guerre à partir de matières

---

[33] *Élimination des ressources allemandes*, p. 943.

premières allemandes indigènes - en particulier les abondantes ressources en charbon allemandes. Lorsque ces procédés ne pouvaient pas être développés en Allemagne, ils étaient achetés à l'étranger dans le cadre d'accords de cartel. Par exemple, le procédé pour l'iso-octane, essentiel pour les carburants d'aviation, a été obtenu des États-Unis,

> ... en fait entièrement [de] l'Amérique et nous l'avons connu en détail dans ses différentes phases grâce à nos accords avec eux [Standard Oil of New Jersey] et nous l'utilisons très largement.[34]

Le procédé de fabrication du plomb tétraéthyle, essentiel pour l'essence d'aviation, a été obtenu par I.G. Farben des États-Unis, et en 1939, I.G. a acheté pour 20 millions de dollars d'essence d'aviation de haute qualité à la Standard Oil du New Jersey. Avant même que l'Allemagne ne fabrique du plomb tétraéthyle par le procédé américain, elle a pu "emprunter" 500 tonnes à l'Ethyl Corporation. Cet emprunt de plomb tétraéthyle essentiel n'a pas été remboursé et I.G. a perdu la garantie d'un million de dollars. De plus, I.G. a acheté d'importants stocks de magnésium à Dow Chemical pour la fabrication de bombes incendiaires et a stocké des explosifs, des stabilisateurs, du phosphore et des cyanures provenant de l'étranger.

En 1939, sur les 43 principaux produits fabriqués par I.G., 28 étaient "de première importance" pour les forces armées allemandes. Le contrôle ultime de Farben sur l'économie de guerre allemande, acquis au cours des années 1920 et 1930 avec l'aide de Wall Street, peut être mieux évalué en examinant le pourcentage de la production de matériel de guerre allemand produit par les usines Farben en 1945. À cette époque, Farben produisait 100% du caoutchouc synthétique allemand, 95% du gaz toxique allemand (y compris tout le gaz Zyklon B utilisé dans les camps de concentration), 90% des plastiques allemands, 88% du magnésium allemand, 84% des explosifs allemands, 70% de la poudre à canon allemande, 46% de l'essence à indice d'octane élevé (aviation) allemande et 33% de l'essence synthétique allemande.[35] (Voir le graphique 2-1 et le tableau 2-1).

---

[34] Ibid, p. 945.

[35] *New York Times*, 21 octobre 1945, section 1, p. 1, 12.

Tableau 2-1 : Dépendance de l'armée allemande (Wehrmacht) à l'égard de la production de I.G. Farben (1943) :

Produit	Production allemande totale	Pourcentage produit par I.G. Farben
Caoutchouc synthétique	118 600 tonnes	100
Méthanol	251 000 tonnes	100
Huile de lubrification	60 000 tonnes	100
Colorants	31 670 tonnes	98
Gaz toxique	—	95
Nickel	2000 tonnes	95
Plastiques	57 000 tonnes	90
Magnésium	27 400 tonnes	88
Explosifs	221 000 tonnes	84
Poudre à canon	210 000 tonnes	70
Haut indice d'octane (Aviation) Essence	650 000 tonnes	46
Acide sulfurique	707 000 tonnes	35

Le Dr von Schnitzler, du I.G. Farben *Aufsichsrat*, a fait la déclaration pertinente suivante en 1943 :

> *Il n'est pas exagéré de dire que, sans les services de la chimie allemande fournis dans le cadre du plan quadriennal, la poursuite de la guerre moderne aurait été impensable.*[36]

---

[36] Ibid, p. 947.

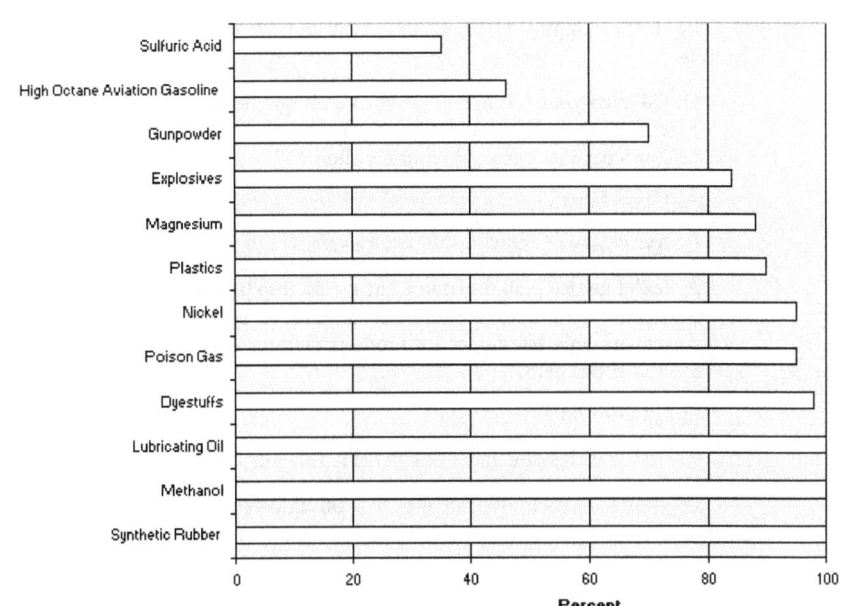

Chart 2-1: German Army (Wehrmacht) Dependence on I.G. Farben Production (1943):

Malheureusement, lorsque nous enquêtons sur les origines techniques des plus importants de ces matériels militaires - outre le soutien financier à Hitler - nous trouvons des liens avec l'industrie américaine et les hommes d'affaires américains. Il y a eu de nombreux accords Farben avec des entreprises américaines, y compris des accords de commercialisation de cartels, des accords de brevet et des échanges techniques, comme l'illustrent les transferts de technologie Standard Oil-Ethyl mentionnés ci-dessus. Ces accords ont été utilisés par I.G. pour faire avancer la politique nazie à l'étranger, pour recueillir des informations stratégiques et pour consolider un cartel chimique mondial.

L'un des aspects les plus horribles du cartel de I.G. Farben était l'invention, la production et la distribution du gaz Zyklon B, utilisé dans les camps de concentration nazis. Le Zyklon B était de l'acide prussique pur, un poison mortel produit par I.G. Farben Leverkusen et vendu par le bureau de vente de Bayer par l'intermédiaire de Degesch, un détenteur de licence indépendant. Les ventes de Zyklon B représentaient près des trois quarts du chiffre d'affaires de Degesch ; suffisamment de gaz pour tuer 200 millions d'êtres humains a été produit et vendu par I.G. Farben. Le rapport du Comité Kilgore de 1942 indique clairement que les directeurs d'I.G. Farben avaient une connaissance précise des camps de concentration nazis et de l'utilisation des produits chimiques d'I.G. Cette connaissance préalable devient significative si l'on considère plus tard le rôle des directeurs américains dans la filiale américaine d'I.G. On peut lire dans l'interrogatoire de 1945 du directeur d'I.G. Farben, Von Schnitzler :

> **Q.** Qu'avez-vous fait lorsqu'on vous a dit que les produits chimiques à base d'azote étaient utilisés pour tuer, pour assassiner les personnes détenues dans les camps de concentration ?
>
> **A.** J'étais horrifié.
>
> **Q.** Avez-vous fait quelque chose à ce sujet ?
>
> **A.** Je l'ai gardée pour moi parce que c'était trop terrible..... J'ai demandé à Muller-Cunradi s'il savait, ainsi qu'Ambros et d'autres directeurs à Auschwitz, que les gaz et les produits chimiques étaient utilisés pour assassiner des gens.
>
> **Q.** Qu'a-t-il dit ?
>
> **A.** Oui : tous les directeurs de l'I.G. à Auschwitz le savent.[37]

I.G. Farben n'a pas tenté d'arrêter la production de ces gaz - une façon plutôt inefficace pour von Schnitzler d'exprimer son inquiétude pour la vie humaine, "parce que c'était trop horrible".

Le bureau de Berlin N.W. 7 de I.G. Farben était le principal centre d'espionnage nazi à l'étranger. L'unité fonctionnait sous la direction de Max Ilgner, directeur de Farben, neveu de Hermann Schmitz, président d'I.G. Farben. Max Ilgner et Hermann Schmitz faisaient partie du conseil d'administration de l'I.G. américain, avec leurs collègues Henry Ford de la Ford Motor Company, Paul Warburg de la Bank of Manhattan et Charles E. Mitchell de la Federal Reserve Bank of New York.

Au début de la guerre, en 1939, les employés de VOWI ont été intégrés à la Wehrmacht, mais ils ont continué à effectuer le même travail que lorsqu'ils étaient sous les ordres de I.G. Farben. L'un des plus éminents de ces travailleurs du renseignement de Farben dans le N.W. 7 était le prince Bernhard des Pays-Bas, qui a rejoint Farben au début des années 1930 après avoir accompli une période de 18 mois de service dans le S.S. en uniforme noir.[38]

---

[37] Élimination des ressources allemandes.

[38] Bernhard est aujourd'hui plus connu pour son rôle de président des réunions secrètes, dites "Bilderberger". Voir Congrès américain, Chambre des représentants, Commission spéciale sur les activités anti-américaines, *Enquête sur les activités de propagande nazie et Enquête sur certaines autres activités de*

La branche américaine du réseau de renseignement VOWI était Chemnyco, Inc. Selon le ministère de la guerre,

> Grâce à ses contacts commerciaux habituels, Chemnyco a pu transmettre à l'Allemagne d'énormes quantités de documents allant de photographies et de plans à des descriptions détaillées d'installations industrielles entières.[39]

Le vice-président de Chemnyco à New York était Rudolph Ilgner, un citoyen américain et frère du réalisateur Max Ilgner de American I.G. Farben. En bref, Farben a dirigé VOWI, l'opération de renseignement extérieur nazie, avant la Seconde Guerre mondiale et l'opération VOWI était associée à des membres importants de l'establishment de Wall Street par l'intermédiaire d'American I.G. et de Chemnyco.

Le ministère américain de la Guerre a également accusé I.G. Farben et ses associés américains d'être le fer de lance des programmes de guerre psychologique et économique nazis par la diffusion de la propagande via des agents Farben à l'étranger, et de fournir des devises étrangères pour cette propagande nazie. Les accords du cartel Farben ont favorisé la guerre économique nazie - l'exemple le plus marquant étant la restriction volontaire de Standard Oil du New Jersey sur le développement du caoutchouc synthétique aux États-Unis sur ordre de I.G. Farben. Comme l'indique le rapport du ministère de la Guerre :

> En résumé, la détermination de Standard Oil à maintenir un monopole absolu sur le développement du caoutchouc synthétique aux États-Unis a permis à I.G. d'atteindre pleinement son objectif d'empêcher la production américaine en dissuadant les entreprises américaines de caoutchouc d'entreprendre des recherches indépendantes sur le développement des procédés de caoutchouc synthétique.[40]

En 1945, le Dr Oskar Loehr, chef adjoint de l'I.G. "Tea Buro", confirme que I.G. Farben et Standard Oil du New Jersey ont mis en œuvre un "plan préconçu" pour supprimer le développement de l'industrie du caoutchouc synthétique aux États-Unis, au profit de la Wehrmacht allemande et au détriment des États-Unis pendant la Seconde Guerre mondiale.

Le témoignage du Dr Loehr se lit (en partie) comme suit :

---

propagande. 73e Congrès, 2e session, Audiences n° 73-DC-4. (Washington : Government Printing Office, 1934), Volume VIII, p. 7525.

[39] Ibid. p. 949.

[40] Ibid. p. 952.

Q. Est-il vrai que pendant le retard pris dans la divulgation des procédés de buna [caoutchouc synthétique] aux sociétés de caoutchouc américaines, Chemnyco et Jasco tenaient entre-temps I.G. bien informé du développement du caoutchouc synthétique aux États-Unis ?

A. Oui.

Q. Ainsi, à tout moment, I.G. était pleinement conscient de l'état de développement de l'industrie américaine du caoutchouc synthétique ?

A. Oui.

Q. Étiez-vous présent à la réunion de La Haye lorsque M. Howard [de la Standard Oil] s'y est rendu en 1939 ?

A. Non.

Q. Qui était présent ?

A. M. Ringer, qui était accompagné par le Dr Brown de Ludwigshafen. Vous ont-ils parlé des négociations ?

A. Oui, dans la mesure où ils étaient sur la partie buna.

Q. Est-il vrai que M. Howard a déclaré à I.G., lors de cette réunion, que les développements aux États-Unis avaient atteint un tel stade qu'il ne lui serait plus possible de conserver les informations relatives aux procédés de fabrication du buna auprès des entreprises américaines ?

A. M. Ringer l'a signalé.

Q. Est-ce à cette réunion que, pour la première fois, M. Howard a dit à I.G. que les entreprises américaines de caoutchouc pourraient devoir être informées des procédés et qu'il a assuré à I.G. que Standard Oil contrôlerait l'industrie du caoutchouc synthétique aux États-Unis ? Est-ce bien cela ?

A. C'est exact. C'est la connaissance que j'ai obtenue par l'intermédiaire de M. Ringer.

Q. Dans tous ces arrangements, depuis le début du développement de l'industrie du caoutchouc synthétique, la suppression de l'industrie du caoutchouc synthétique aux États-Unis faisait donc partie d'un plan préconçu entre I.G. d'une part et M. Howard de Standard Oil d'autre part ?

A. C'est une conclusion qui doit être tirée des faits précédents.[41]

I.G. Farben était la plus grande source de devises étrangères de l'Allemagne d'avant-guerre, et ces devises permettaient à l'Allemagne d'acheter des matières premières stratégiques, du matériel militaire et des

---

[41] Ibid p. 1293.

procédés techniques, et de financer ses programmes d'espionnage, de propagande et ses diverses activités militaires et politiques à l'étranger avant la Seconde Guerre mondiale. Agissant au nom de l'État nazi, Farben élargit son propre horizon à une échelle mondiale qui entretient des relations étroites avec le régime nazi et la Wehrmacht. Un bureau de liaison, la *Vermittlungsstelle W*, a été créé pour maintenir les communications entre I.G. Farben et le ministère allemand de la Guerre :

> *L'objectif de ce travail est la mise en place d'un dispositif pour l'armement qui pourrait être inséré sans difficulté dans l'organisation existante d'I.G. et ses différentes usines. En cas de guerre, l'I.G. sera traité par les autorités concernées par les questions d'armement comme une grande usine qui, dans sa tâche pour l'armement, dans la mesure où il est possible de le faire du point de vue technique, se régulera elle-même sans aucune influence organisationnelle de l'extérieur (le travail dans ce sens a été en principe convenu avec le ministère de la guerre Wehrwirtschaftsant) et à partir de ce bureau avec le ministère de l'économie. Dans le domaine d'activité de la Vermittlungsstelle W, outre l'organisation et la planification à long terme, la collaboration continue en matière d'armement et de questions techniques avec les autorités du Reich et les usines de l'I.G.*[42]

Malheureusement, les dossiers des bureaux de la Vermittlungsstelle ont été détruits avant la fin de la guerre, bien que l'on sache d'après d'autres sources qu'à partir de 1934, un réseau complexe de transactions s'est développé entre l'I.G. et la Wehrmacht. En 1934, I.G. Farben commença à se mobiliser pour la guerre, et chaque usine I.G. prépara ses plans de production de guerre et les soumit aux ministères de la guerre et de l'économie. En 1935, six simulations de guerre ont été organisés dans les usines I.G. Farben et les procédures techniques de guerre ont été répétées.[43] Ces simulations ont été décrites par le Dr Struss, chef du secrétariat du comité technique d'I.G :

> *Il est vrai que depuis 1934 ou 1935, peu après la création de la Vermittlungsstelle W, des simulations de guerre théoriques avaient été organisées pour examiner comment se matérialiseraient les effets des bombardements sur certaines usines. On prenait notamment en considération ce qui se passerait si des bombes de 100 ou 500 kilos tombaient sur une certaine usine et quel en serait le résultat. Il est également vrai que le terme "Kriegsspiele" a été utilisé pour cela.*
>
> *Les Kriegsspiele ont été préparés par M. Ritter et le Dr Eckell, plus tard en partie par le Dr von Brunning sur ordre personnel du Dr Krauch ou sur ordre de l'armée de l'air, je n'en ai pas connaissance. Les tâches*

---

[42] Ibid p. 954.

[43] Ibid p. 954.

ont été confiées en partie par le Vermittlungsstelle W et en partie par des officiers de l'armée de l'air. Un certain nombre d'officiers de tous les groupes de la Wehrmacht (marine, armée de l'air et armée de terre) ont participé à ces Kriegsspiele.

Les endroits touchés par les bombes ont été marqués sur une carte de l'usine afin de pouvoir déterminer quelles parties de l'usine seraient endommagées, par exemple un compteur de gaz ou une importante canalisation. Dès la fin du raid, la direction de l'usine a constaté les dégâts et a indiqué quelle partie de l'usine devait s'arrêter de fonctionner ; elle a également indiqué le temps nécessaire pour réparer les dégâts. Lors d'une réunion suivante, les conséquences du Kriegsspiele ont été décrites et il a été établi que dans le cas de Leuna [l'usine], les dommages étaient considérablement élevés ; il a notamment été constaté que les modifications des conduites devaient être effectuées à un coût considérable.[44]

Par conséquent, tout au long des années 1930, I.G. Farben a fait plus que se conformer aux ordres du régime nazi. Farben a été l'initiateur et l'opérateur des plans nazis pour la conquête du monde. Farben a agi comme un organisme de recherche et de renseignement pour l'armée allemande et a volontairement lancé des projets de la Wehrmacht. En fait, l'armée n'a que rarement eu à s'adresser à Farben ; on estime qu'environ 40 à 50% des projets Farben pour l'armée ont été initiés par Farben lui-même. En bref, selon les mots du Dr von Schnitzler :

Ainsi, en agissant comme il l'avait fait, I.G. contracta une grande responsabilité et constitua une aide substantielle dans le domaine chimique et une aide décisive à la politique étrangère de Hitler, qui conduisit à la guerre et à la ruine de l'Allemagne. Je dois donc conclure qu'I.G. est en grande partie responsable de la politique d'Hitler.

SOIGNER LA RÉPUTATION DE I.G. FARBEN

Ce misérable tableau de la préparation militaire d'avant-guerre était connu à l'étranger et a dû être vendu - ou déguisé - au public américain afin de faciliter la collecte de fonds et l'assistance technique de Wall Street au nom de I.G. Farben aux États-Unis. Une importante société de relations publiques de New York a été choisie pour vendre le marchand de la mort I.G. Farben aux États-Unis. La firme de relations publiques la plus connue à la fin des années 1920 et dans les années 1930 était Ivy Lee & T.J. Ross de New York. Ivy Lee avait auparavant entrepris une campagne de relations publiques pour les Rockefeller, afin de redorer le blason des Rockefeller auprès du public américain. La firme avait

---

[44] Ibid, pp. 954-5.

également produit un livre décousu intitulé *USSR*, entreprenant la même tâche de nettoyage pour l'Union soviétique - alors même que les camps de travail soviétiques étaient en pleine effervescence à la fin des années 20 et au début des années 30.

À partir de 1929, Ivy Lee devient conseiller en relations publiques pour I.G. Farben aux États-Unis. En 1934, Ivy Lee a présenté un témoignage à la commission des activités anti-américaines de la Chambre des représentants sur ce travail pour Farben.[45] Lee témoigna qu'I.G. Farben était affilié à la firme américaine Farben et que "l'I.G. américain est une holding avec des directeurs tels que Edsel Ford, Walter Teagle, un des dirigeants de la City Bank....". Lee expliqua qu'il était payé 25 000 dollars par an en vertu d'un contrat passé avec Max Ilgner d'I.G. Farben. Son travail consistait à contrer les critiques dont I.G. Farben faisait l'objet aux États-Unis. Les conseils donnés par Ivy Lee à Farben sur ce problème étaient suffisamment acceptables :

> *En premier lieu, je leur ai dit qu'ils ne pourraient jamais réconcilier aux yeux du monde le peuple américain avec le traitement qu'il inflige aux Juifs : que cela était tout simplement étranger à la mentalité américaine et ne pouvait jamais être justifié dans l'opinion publique américaine, et qu'il ne servait à rien d'essayer.*
>
> *En second lieu, tout ce qui a trait à la propagande nazie dans ce pays était une erreur et ne doit pas être repris. Notre peuple considère qu'il s'est mêlé des affaires américaines, et c'était une mauvaise idée.*[46]

Le paiement initial de 4500 dollars à Ivy Lee dans le cadre de ce contrat a été effectué par Hermann Schmitz, président de I.G. Farben en Allemagne. Il a été déposé à la New York Trust Company sous le nom de I.G. Chemic (ou "l'I.G. suisse", comme l'a appelé Ivy Lee).

Cependant, le second et principal paiement de 14 450 dollars a été effectué par William von Rath de l'I.G. américain et également déposé par Ivy Lee à la New York Trust Company, au crédit de son compte personnel. (Le compte de la firme était à la Chase Bank.) Ce point sur l'origine des fonds est "important si l'on considère l'identité des directeurs de l'American I.G., car le paiement par l'American I.G. signifiait que la majeure partie des fonds de propagande nazie n'était pas d'origine allemande. *Il s'agissait de fonds américains gagnés aux États-*

---

[45] Congrès américain. Chambre des représentants, Comité spécial sur les activités anti-américaines, *enquête sur les activités de propagande nazie et enquête sur certaines autres activités de propagande,* op. cit.

[46] Ibid, p. 178.

Unis et sous le contrôle de directeurs américains, bien qu'ils aient été utilisés pour la propagande nazie aux États-Unis.

En d'autres termes, la plupart des fonds de propagande nazie gérés par Ivy Lee n'ont pas été importés d'Allemagne.

L'utilisation de ces fonds américains a été mise en cause par la Commission des activités anti-américaines de la Chambre des représentants :

> **M. DICKSTEIN.** Si je vous comprends bien, vous avez témoigné que vous n'avez reçu aucune propagande et que vous n'avez rien à voir avec la diffusion de la propagande dans ce pays ?
>
> **M. LEE.** Je n'ai pas témoigné du fait que je n'ai rien reçu M. Dickstein.
>
> **M. DICKSTEIN.** Je vais donc éliminer cette partie de la question.
>
> **M. LEE.** J'ai témoigné que je n'ai diffusé aucune information.
>
> **M. DICKSTEIN.** Avez-vous reçu ou votre entreprise a-t-elle reçu à un moment quelconque de la littérature de propagande en provenance d'Allemagne ?
>
> **M. LEE.** Oui, Monsieur.
>
> **M. DICKSTEIN.** Et c'était quand ?
>
> **M. LEE.** Oh, nous avons reçu – cela dépend ce que vous appelez de la propagande. Nous avons reçu une immense quantité de littérature.
>
> **M. DICKSTEIN.** Vous ne savez pas ce qu'était cette littérature et ce qu'elle contenait ?
>
> **M. LEE.** Nous avons reçu des livres, des brochures, des coupures de presse et des documents, en grande quantité.
>
> **M. DICKSTEIN.** Je suppose que quelqu'un de votre bureau les passerait en revue et verrait ce qu'ils étaient ?
>
> **M. LEE.** Oui, Monsieur.
>
> **M. DICKSTEIN.** Et ensuite, après avoir découvert ce qu'ils étaient, je suppose que vous en avez gardé des copies ?
>
> **M. LEE.** Dans certains cas, oui : et dans d'autres, non. Un grand nombre d'entre eux, bien sûr, étaient en allemand, et j'avais ce que mon fils m'avait envoyé. Il m'a dit qu'elles étaient intéressantes et significatives, et que je les avais traduites ou que j'en avais fait des extraits.[47]

Enfin, Ivy Lee a engagé Burnham Carter pour étudier les nouveaux rapports américains sur l'Allemagne et préparer des réponses pronazies

---

[47] Ibid, p. 183.

appropriées. Il convient de noter que cette littérature allemande n'était pas de la littérature de Farben, mais de la littérature officielle hitlérienne :

M. DICKSTEIN. En d'autres termes, vous recevez ce matériel qui traite des conditions allemandes actuelles : Vous l'examinez et vous les conseillez. Cela n'a rien à voir avec le gouvernement allemand, bien que le matériel, la littérature, soit des publications officielles du régime hitlérien. C'est exact, n'est-ce pas ?

M. LEE. Une bonne partie de la littérature n'était pas officielle.

M. DICKSTEIN. Ce n'était pas de la littérature I.G., n'est-ce pas ?

M. LEE. Non, c'est I.G. qui me l'a envoyé.

M. DICKSTEIN. Pouvez-vous nous montrer un bout de papier qui est arrivé ici et qui a un rapport avec le G.I. ?

M. LEE. Oh, oui. Ils publient beaucoup de littérature. Mais je ne veux pas poser la question. Il ne fait aucun doute que, sous leur autorité, j'ai reçu une immense quantité de matériel provenant de sources officielles et non officielles.

M. DICKSTEIN. Exactement. En d'autres termes, le matériel envoyé ici par le G.I. était du matériel diffusé - nous appellerions cela de la propagande - par l'autorité du gouvernement allemand. Mais la distinction que vous faites dans votre déclaration est, si je comprends bien, que le gouvernement allemand ne vous l'a pas envoyé directement ; qu'il vous a été envoyé par le G.I.

M. LEE. Bien.

M. DICKSTEIN. Et cela n'a rien à voir avec leurs relations d'affaires de tout à l'heure.

M. LEE. C'est exact.

L'I.G. FARBEN AMÉRICAIN

Qui étaient les financiers de l'establishment de Wall Street qui dirigeaient les activités de l'I.G. américain, la filiale d'I.G. Farben aux États-Unis qui faisait la promotion de la propagande nazie ?

Les directeurs américains de I.G. Farben comptaient parmi les membres les plus éminents de Wall Street. Les intérêts allemands se sont implantés aux États-Unis après la Première Guerre mondiale et ont réussi à surmonter les obstacles destinés à empêcher I.G. d'accéder au marché américain. Ni la saisie des brevets allemands, ni la création de la Fondation Chimique, ni les barrières tarifaires élevées n'ont constitué un problème majeur.

En 1925, la General Dyestuff Corporation est devenue l'agent commercial exclusif des produits fabriqués par Gasselli Dyestuff (rebaptisée General Aniline Works, Inc. en 1929) et importés d'Allemagne. Les actions de General Aniline Works ont été transférées en 1929 à American I.G. Chemical Corporation, puis en 1939 à General Aniline & Film Corporation, dans laquelle American I.G. et General Aniline Works ont fusionné. American I.G. et son successeur, General Aniline & Film, est l'unité par laquelle le contrôle des entreprises d'I.G. aux États-Unis a été maintenu. Le nombre d'actions d'American I.G. était de 3 000 000 d'actions ordinaires A et 3 000 000 actions ordinaires B. En échange de participations dans General Aniline Works et Agfa-Ansco Corporation, I.G. Farben en Allemagne a reçu toutes les actions B et 400 000 actions A. Trente millions de dollars d'obligations convertibles ont été vendues au public américain et garanties quant au principal et aux intérêts par l'Allemand I.G. Farben, qui a reçu une option d'achat de 1 000 000 d'actions A supplémentaires.

Tableau 2-2 : Les directeurs de l'I.G. américain à 1930 : American I,G.

Directeur américain I,G.	Citoyenneté	Autres grandes associations
Carl BOSCH	Allemand	FORD MOTOR CO. A-G
Edsel B. FORD	ÉTATS-UNIS	FORD MOTOR CO. DETROIT
Max ILGNER	Allemand	Dirige le bureau I.G. FARBEN N.W.7 (INTELLIGENCE). Coupable au procès de Nuremberg pour crimes de guerre.
F. Ter MEER	Allemand	Coupable aux procès de Nuremberg pour crimes de guerre
H.A. METZ	ÉTATS-UNIS	Directeur de I.G. Farben Allemagne et BANK OF MANHATTAN (États-Unis)
C.E. MITCHELL	ÉTATS-UNIS	Directeur de la FEDERAL RESERVE BANK OF N.Y. et de la NATIONAL CITY BANK
Herman SCHMITZ	Allemand	Au sein des conseils d'administration de I.G. Farben (Président) (Allemagne), de la Deutsche Bank (Allemagne) et de la BANK FOR INTERNATIONAL SETTLEMENTS. Coupable au procès de Nuremberg pour crimes de guerre.
Walter TEAGLE	ÉTATS-UNIS	Directeur FEDERAL RESERVE BANK OF NEW YORK and STANDARD OIL OF NEW JERSEY
W.H. von RATH	Naturalisé	Directeur de GERMAN GENERAL U.S. ELECTRIC (A.E.G.)
Paul M. WARBURG	ÉTATS-UNIS	Premier membre de la FEDERAL RESERVE BANK OF NEW YORK et de la BANK OF MANHATTAN
W.E. WEISS	ÉTATS-UNIS	Produits en livres sterling

Source : Manuel des investissements de Moody's ; 1930, p. 2149.

Note : Walter DUISBERG (États-Unis), W. GRIEF (États-Unis) et Adolf KUTTROFF (États-Unis) étaient également directeurs de l'Américain I.G. Farben à cette époque.

La gestion de l'I.G. américain (plus tard General Aniline) était dominée par l'I.G. ou d'anciens fonctionnaires de l'I.G. Hermann Schmitz a été président de 1929 à 1936, puis son frère, Dietrich A. Schmitz, citoyen américain naturalisé, lui a succédé jusqu'en 1941. Hermann Schmitz, qui était également directeur de la Banque des Règlements Internationaux, le "sommet" du système de contrôle financier international. Il est resté président du conseil d'administration de 1936 à 1939.

Le conseil d'administration initial comprenait neuf membres qui étaient, ou avaient été, membres du conseil d'I.G. Farben en Allemagne (Hermann Schmitz, Carl Bosch, Max Ilgner, Fritzter Meer et Wilfred Grief), ou avaient été précédemment employés par I.G. Farben en Allemagne (Walter Duisberg, Adolf Kuttroff, W.H. von Rath, Herman A. Metz). Herman A. Metz était un citoyen américain, un démocrate convaincu en politique et un ancien contrôleur de la ville de New York. Un dixième, W.E. Weiss, avait été sous contrat avec I.G.

Les directeurs de l'I.G. américain n'étaient pas seulement éminents à Wall Street et dans l'industrie américaine, mais ils étaient surtout issus de quelques institutions très influentes :

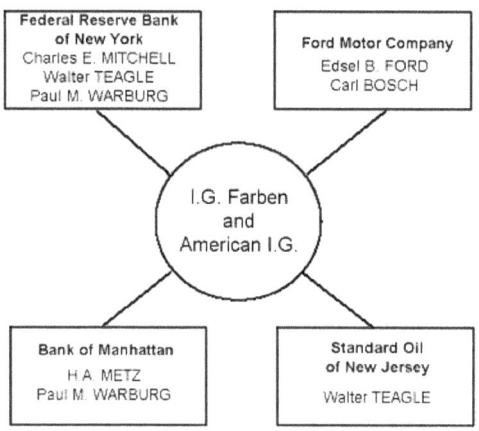

Les quatre autres membres du conseil d'administration de l'I.G. américain étaient des citoyens américains éminents et des membres de l'élite financière de Wall Street : C.E. Mitchell, président de la National City Bank et de la Federal Reserve Bank of New York ; Edsel B. Ford, président de la Ford Motor Company ; W.C. Teagle, autre directeur de la Standard Oil du New Jersey ; et Paul Warburg, premier membre de la

Federal Reserve Bank of New York et président de la Bank of Manhattan Company.

Les directeurs de l'I.G. américain n'étaient pas seulement éminents à Wall Street et dans l'industrie américaine, mais ils étaient surtout issus de quelques institutions très influentes. (Voir le tableau ci-dessus).

Entre 1929 et 1939, la composition du conseil d'administration d'American I.G. a changé. Le nombre de directeurs a varié de temps en temps, bien qu'une majorité d'entre eux aient toujours eu des antécédents ou des relations avec des I.G., et le conseil n'a jamais eu moins de quatre directeurs américains. En 1939 - probablement à l'approche de la Seconde Guerre mondiale - un effort a été fait pour donner au conseil un caractère plus américain, mais malgré la démission de Hermann Schmitz, Carl Bosch et Walter Duisberg, et la nomination de sept nouveaux directeurs, sept membres appartenaient toujours au groupe I.G. Cette prédominance du G.I. s'est accrue au cours des années 1940 et 1941, lorsque des réalisateurs américains, dont Edsel Ford, ont pris conscience de la malsaine politique du G.I. et ont démissionné.

Plusieurs observations de base peuvent être faites à partir de ces preuves. Tout d'abord, le conseil d'administration d'American I.G. comptait trois directeurs de la Banque de la Réserve Fédérale de New York, la plus influente des différentes banques de la Réserve Fédérale. American I.G. avait également des liens avec la Standard Oil du New Jersey, la Ford Motor Company, la Bank of Manhattan (qui deviendra plus tard la Chase Manhattan) et l'A.E.G. (German General Electric). Ensuite, trois membres du conseil d'administration de cette société américaine ont été reconnus coupables lors des procès de Nuremberg pour crimes de guerre. Il s'agissait des membres allemands, et non américains. Parmi ces Allemands se trouvait Max Ilgner, directeur du bureau I.G. Farben N.W. 7 à Berlin, c'est-à-dire le bureau de renseignement nazi d'avant-guerre. Si les directeurs d'une société sont collectivement responsables des activités de la société, alors les directeurs américains auraient également dû être jugés à Nuremberg, en même temps que les directeurs allemands - c'est-à-dire si le but des procès était de déterminer la culpabilité de guerre. Bien sûr, si le but des procès était de détourner l'attention de l'implication des États-Unis dans la montée en puissance d'Hitler, ils ont très bien réussi...

CHAPITRE III

GENERAL ELECTRIC FINANCE HITLER

> *Parmi les premières mesures fascistes de Roosevelt figure la loi sur la relance de l'industrie nationale (NRA) du 16 juin 1933. Les origines de ce dispositif méritent d'être répétées. Ces idées ont été suggérées pour la première fois par Gerard Swope de la General Electric Company ... elles ont ensuite été adoptées par la Chambre de commerce des États-Unis ...*
>
> (Herbert Hoover, *Les Mémoires d'Herbert Hoover : La Grande Dépression*, 1929-1941, New York : The Macmillan Company, 1952, p. 420)

La multinationale General Electric a joué un rôle sans précédent dans l'histoire du XXe siècle. La General Electric Company a électrifié l'Union soviétique dans les années 20 et 30, et a répondu à la maxime de Lénine selon laquelle "le Socialisme c'est le pouvoir des soviets + l'électricité".[48] Le plan Swope, créé par l'ancien président de General Electric, Gerard Swope, est devenu le New Deal de Franklin D. Roosevelt, par un processus déploré par l'ancien président Herbert Hoover et décrit dans *Wall Street et FDR*.[49] Il existait une relation intime et durable entre Swope et Young de la General Electric Company et la famille Roosevelt, comme il en existait une entre General Electric et l'Union soviétique. En 1936, le sénateur James A. Reed du Missouri, un des premiers partisans de Roosevelt, a pris conscience de la trahison des idées libérales de Roosevelt et a attaqué le programme Roosevelt New Deal comme une mesure "tyrannique" "menant au despotisme, [et] recherchée par ses commanditaires sous le couvert de l'aspiration communiste à la "justice sociale". "Le sénateur Reed a également accusé

---

[48] Pour les détails techniques, voir l'étude en trois volumes, Antony C. Sutton, *Western Technology and Soviet Economic Development*, (Stanford, Californie : Hoover Institution Press, 1968, 1971), 1973), ci-après dénommée *Western Technology Series*.

[49] Publié en 1 volume par Le Retour aux Sources, www.leretourauxsources.com.

au Sénat que Franklin D. Roosevelt était "un homme engagé pour les royalistes économiques" à Wall Street et que la famille Roosevelt "est l'un des plus grands actionnaires de la General Electric Company".[50]

En fouillant dans les coulisses de l'histoire allemande de l'entre-deux-guerres et de l'histoire d'Hitler et du nazisme, nous trouvons Owen D. Young et Gerard Swope de General Electric liés à la montée de l'hitlérisme et à la suppression de la démocratie allemande. Le fait que les directeurs de General Electric se retrouvent dans chacune de ces trois catégories historiques distinctes - c'est-à-dire le développement de l'Union soviétique, la création du New Deal de Roosevelt et la montée de l'hitlérisme - suggère à quel point les éléments du Big Business sont vivement intéressés par la socialisation du monde, pour leurs propres buts et objectifs, plutôt que par le maintien du marché impartial dans une société libre.[51] General Electric a largement profité du bolchevisme, du socialisme du New Deal de Roosevelt et, comme nous le verrons plus loin, du national-socialisme dans l'Allemagne hitlérienne.

GENERAL ELECTRIC DANS L'ALLEMAGNE DE WEIMAR

Walter Rathenau était, jusqu'à son assassinat en 1922, directeur général de l'Allgemeine Elekrizitats Gesellschaft (A.E.G.), ou General Electric allemande, et comme Owen Young et Gerard Swope, ses homologues aux États-Unis, il était un éminent défenseur du socialisme d'entreprise. Walter Rathenau s'est exprimé publiquement contre la concurrence et la libre entreprise. Pourquoi ? Parce que Rathenau et Swope voulaient tous deux la protection et la coopération de l'État pour leurs propres objectifs et profits particuliers. (Mais bien sûr pas pour les objectifs et les profits de quelqu'un d'autre.) Rathenau a exprimé leur plaidoyer dans *La nouvelle économie politique* :

> *La nouvelle économie ne sera pas, comme nous l'avons vu, une économie d'État ou gouvernementale mais une économie privée engagée dans un pouvoir de résolution civique qui nécessitera certainement la coopération de l'État pour une consolidation organique afin de*

---

[50] *New York Times*, 6 octobre 1936. Voir aussi Antony C. Sutton, *Wall Street et FDR*, op. cit.

[51] Bien sûr, les plaidoyers socialistes des hommes d'affaires sont toujours d'actualité. En témoignent les cris des blessés lorsque le président Ford a proposé la déréglementation des compagnies aériennes et du transport routier. Voir par exemple le *Wall Street Journal* du 25 novembre 1975.

*surmonter les frictions internes et d'augmenter la production et l'endurance.*⁵²

Lorsque nous démêlons la prose emphatique de Rathenau, cela signifie que le pouvoir de l'État devait être mis à la disposition des entreprises privées pour leurs propres besoins, c'est-à-dire ce que l'on appelle communément le national-socialisme. Rathenau s'est prononcé publiquement contre la concurrence et la libre entreprise transmissible par héritage.⁵³ Non pas à l'égard de leur propre richesse, pour autant qu'on puisse la déterminer, mais en ce qui concernait la richesse de ceux qui ne bénéficiaient pas d'influence politique dans l'appareil d'État.

Owen D. Young de General Electric était l'un des trois délégués américains à la réunion du plan Dawes de 1923 qui a établi le programme de réparations allemand. Et dans les plans Dawes et Young, on peut voir comment certaines entreprises privées ont pu bénéficier du pouvoir de l'État. Les prêts les plus importants accordés par Wall Street à l'Allemagne dans les années 1920 étaient des prêts de réparation ; c'est finalement l'investisseur américain qui a payé les réparations allemandes. La cartellisation de l'industrie électrique allemande sous l'égide de l'A.E.G. (ainsi que des industries sidérurgiques et chimiques évoquées aux chapitres un et deux) a été rendue possible grâce à ces prêts de Wall Street :

Date de l'offre	Emprunteur	Banque de gestion aux États-Unis	Montant nominal de l'émission
26 janvier 1925	Compagnie générale d'électricité (A. E, G.)	National City Co.	$10,000,000
9 décembre 1925	Allgemeine Elektrizitätsitats-Gesellschaft (A. E.G.)	National City Co.	$10,000,000
22 mai 1928	Compagnie générale d'électricité (A.E.G.)	National City Co.	$10,000,000
7 juin 1928	Compagnie générale d'électricité (A. E.G.)	National City Co.	$5,000,000

En 1928, lors des réunions de réparation du Plan Young, nous trouvons le président de General Electric, Owen D. Young, à la

---

⁵² Traduction polycopiée dans la bibliothèque de l'institution Hoover, p. 67. Voir aussi Walter Rathenau, *In Days to Come*, (Londres : Allen & Unwin, s.d.)

⁵³ Ibid, p. 249.

présidence en tant que principal délégué américain, nommé par le gouvernement américain pour utiliser la puissance et le prestige du gouvernement américain afin de décider des questions financières internationales en augmentant les profits de Wall Street et de General Electric. En 1930, Owen D. Young, qui a donné son nom au plan Young pour les réparations allemandes, est devenu président du conseil d'administration de la General Electric Company à New York. Young était également président du comité exécutif de la Radio Corporation of America et directeur de la General Electric (A.E.G.) allemande et d'Osram en Allemagne. Young a également siégé au conseil d'administration d'autres grandes sociétés américaines, dont General Motors, NBC et RKO ; il a été conseiller du National Industrial Conference Board, directeur de la Chambre de commerce internationale et vice-président du conseil d'administration de la Banque de Réserve Fédérale de New York.

Gerard Swope a été président et directeur de la General Electric Company ainsi que de sociétés françaises et allemandes associées, dont A.E.G. et Osram en Allemagne. Swope a également été directeur de RCA, NBC et de la National City Bank of New York. D'autres directeurs d'International General Electric à cette époque reflètent le contrôle de Morgan sur la société, et Young et Swope étaient généralement connus comme les représentants de Morgan au conseil d'administration de G.E., qui comprenait Thomas Cochran, un autre associé de la firme J.P. Morgan. Le directeur de General Electric, Clark Haynes Minor, était président d'International General Electric dans les années 1920. Un autre directeur était Victor M. Cutter de la First National Bank of Boston et une figure des "républiques bananières" en Amérique centrale.

À la fin des années 1920, Young, Swope et Minor d'International General Electric se sont lancés dans l'industrie électrique allemande et ont acquis, sinon le contrôle comme certains l'ont rapporté, du moins un poids important dans les affaires internes d'A.E.G. et d'Osram. En juillet 1929, un accord a été conclu entre General Electric et trois entreprises allemandes - A.E.G., Siemens & Halske et Koppel and Company - qui détenaient ensemble toutes les actions d'Osram, le fabricant d'ampoules électriques. General Electric a acheté 16% des actions d'Osram et a conclu un accord commun pour le contrôle international de la production et de la commercialisation des ampoules électriques. Clark Minor et Gerard Swope deviennent directeurs d'Osram.[54]

---

[54] *New York Times*, 2 juillet 1929.

En juillet 1929, des rumeurs circulant dans les milieux financiers allemands, selon lesquelles General Electric rachète également A.E.G. et que des pourparlers sont en cours à cette fin entre A.E.G. et G.E.[55] En août, il est confirmé que 14 millions de marks d'actions ordinaires d'A.E.G. seront émis au bénéfice de General Electric. Ces actions, ajoutées aux actions achetées sur le marché libre, ont donné à General Electric une participation de 25% dans A.E.G. Un accord de coopération plus étroit a été signé entre les deux sociétés, fournissant à la société allemande la technologie et les brevets américains. Il a été souligné dans les médias qu'A.E.G. n'aurait pas de participation dans G.E., mais que d'autre part G.E. financerait l'expansion d'A.E.G. en Allemagne.[56] La presse financière allemande a également noté qu'il n'y avait pas de représentation d'A.E.G. au conseil d'administration de G.E. aux États-Unis, mais que cinq Américains siégeaient désormais au conseil d'administration d'A.E.G. Le *Vossische Zeitung* a noté :

> *L'industrie électrique américaine a conquis le monde, et seuls quelques bastions d'opposition restants ont pu résister à l'assaut...*[57]

En 1930, à l'insu de la presse financière allemande, General Electric avait également obtenu un monopole technique effectif de l'industrie électrique soviétique et allait bientôt pénétrer même dans les derniers bastions de l'Allemagne, en particulier le groupe Siemens. En janvier 1930, trois hommes de G.E. furent élus au conseil d'administration d'A.E.G. - Clark H. Minor, Gerard Swope et E. H. Baldwin - et International General Electric (I.G.E.) poursuivit ses efforts pour fusionner l'industrie électrique mondiale en un cartel géant sous le contrôle de Wall Street.

En février, General Electric s'est concentré sur le dernier géant allemand de l'électricité, Siemens & Halske, et bien qu'il ait pu obtenir un important bloc d'obligations émises au nom de la firme allemande par Dillon, Read de New York, G.E. n'a pas pu obtenir de participation ou de directeurs au conseil d'administration de Siemens. Bien que la presse allemande ait reconnu que même ce contrôle limité était "un événement économique historique de premier ordre et une étape importante vers la formation d'un futur trust électrique mondial",[58] Siemens a conservé son

---

[55] Ibid, 28 juillet 1929.

[56] Ibid, 2 août 1929 et 4 août 1929.

[57] Ibid, 6 août 1929.

[58] Ibid, 2 février 1930.

indépendance vis-à-vis de General Electric - et cette indépendance est importante pour notre histoire. Le *New York Times a* rapporté :

> Toute la presse souligne le fait que Siemens, contrairement à A.E.G., maintient son indépendance pour l'avenir et précise qu'aucun représentant de General Electric ne siégera au conseil d'administration de Siemens.[59]

Il n'y a aucune preuve que Siemens, que ce soit par l'intermédiaire de Siemens & Halske ou de Siemens-Schukert, ait participé directement au financement d'Hitler. Siemens n'a contribué à Hitler que légèrement et indirectement par le biais d'une participation dans Osram. En revanche, tant A.E.G. qu'Osram ont financé directement Hitler par l'intermédiaire de la Nationale Treuhand de manière substantielle. Siemens a conservé son indépendance au début des années 1930 alors que l'A.E.G. et Osram étaient toutes deux sous domination américaine et avec des directeurs américains. Rien ne prouve que Siemens, sans directeurs américains, ait financé Hitler. En revanche, nous disposons de preuves documentaires irréfutables que la General Electric allemande et Osram, tous deux pourvues de directeurs américains, ont financé Hitler.

Dans les mois qui ont suivi la tentative de prise de contrôle de Siemens par Wall Street, le schéma d'une confiance du monde au développement dans l'industrie électrique s'est clarifié ; les luttes internationales pour les brevets ont pris fin et la participation de la G.E. dans l'A.E.G. est passée à près de 30%.[60]

Par conséquent, au début des années 1930, alors qu'Hitler se préparait à s'emparer du pouvoir dictatorial en Allemagne - soutenu par certains

---

[59] Ibid, 2 février 1930.

[60] Ibid, 11 mai 1930. Pour les machinations d'avant-guerre de General Electric, d'Osram et de la société néerlandaise N.V. Philips Gloeilampenfabrieken d'Eindhoven Holland, voir le chapitre 11, "Electric Eels", dans James Stewart Martin, op cit. Martin était chef de la division de guerre économique du ministère américain de la Justice et commente que "l'A.E.G. d'Allemagne était largement contrôlée par la société américaine General Electric". L'hypothèse de cet auteur est que l'influence de la G.E. était quelque peu inférieure au contrôle, bien qu'assez importante. En raison de la position officielle de Martin et de l'accès à des documents officiels, inconnus de l'auteur, sa déclaration selon laquelle l'A.E.G. était "largement contrôlée" par la société américaine General Electric ne peut être rejetée à la légère. Cependant, si nous acceptons que G.E. "contrôlait largement" A.E.G., alors les questions les plus sérieuses se posent qui réclament une enquête. A.E.G. était un des principaux financiers d'Hitler et le "contrôle" impliquerait plus profondément la société mère américaine que ne le suggèrent les preuves présentées ici.

industriels allemands et américains, mais pas tous - la General Electric (A.E.G.) allemande était détenue par International General Electric (environ 30%), la Gesellschaft für Electrische Unternemungen (25%) et Ludwig Lowe (25%). International General Electric détenait également une participation d'environ $16^{2/3}$% dans Osram, ainsi qu'une influence indirecte supplémentaire dans des sociétés liées à German General Electric par l'intermédiaire de Common Electric Directors :

Entreprises liées à German General Electric par l'intermédiaire de directeurs communs de l'électricité	Directeurs de la société allemande General Electric (A.E.G.)	Relation entre l'entreprise liée et le financement d'Hitler
Accumulatoran-Fabrik	Quandt Pfeffer	Financement direct
Osram	Mamroth Peierls	Financement direct
Deutschen Babcock-Wilcox	Landau	Non connu
Aciéries unies	Wolff Nathan Kirdorf Goldschmidt	Financement direct
Krupp	Nathan Klotzbach	Financement direct
I.G. Farben	Bucher Flechtheim von Rath	Financement direct
Alliance et Association de Stuttgart	von Rath Wolff	Signalée, mais non justifiée
Phoenix	Fahrenhorst	Financement direct
Thyssen	Fahrenhorst	Financement direct
Demag	Fahrenhorst Flick	Financement direct

Dynamit Gelsenkirchener	Flechtheim Kirdorf	Par I.G. Farben
Bergwerks	Flechtheim	Financement direct
International General Electric	Jeunes Swope Minor Baldwin	Par l'intermédiaire de l'A.E.G.
L'Américain I.G. Farben	von Rath	Par I.G. Farben
Banque internationale (Amsterdam)	H. Furstenberg Goldschmidt	Non connu

Osram par l'intermédiaire des directeurs de l'A.E.G. Au sein du conseil d'administration d'A.E.G., outre les quatre directeurs américains (Young, Swope, Minor et Baldwin), on trouve Pferdmenges de Oppenheim & Co. (un autre financier d'Hitler), et Quandt, qui possédait 75% d'Accumlatoren-Fabrik, un important financier direct d'Hitler. En d'autres termes, parmi les membres allemands du conseil d'administration d'A.E.G., nous trouvons des représentants de plusieurs des entreprises allemandes qui ont financé Hitler dans les années 1920 et 1930.

GENERAL ELECTRIC ET LE FINANCEMENT D'HITLER

Les racines du socialisme d'entreprise moderne sont profondément ancrées dans la gestion de deux sociétés multinationales affiliées : General Electric Company aux États-Unis et ses associés étrangers, dont la General Electric allemande (A.E.G.), et Osram en Allemagne. Nous avons noté que Gerard Swope, deuxième président et président du conseil d'administration de General Electric, et Walter Rathenau de l'A.E.G. ont promu des idées radicales de contrôle de l'État par des intérêts commerciaux privés.

À partir de 1915, International General Electric (I.G.E.), situé au 120 Broadway à New York, a agi en tant qu'organisme d'investissement étranger, de fabrication et de vente pour la General Electric Company. I.G.E. détenait des intérêts dans des entreprises manufacturières étrangères, notamment une participation de 25 à 30% dans la société allemande General Electric (A.E.G.), ainsi que des participations dans Osram G.m.b.H. Kommanditgesellschaft, également à Berlin. Ces participations ont donné à International General Electric quatre directeurs au conseil d'administration d'A.E.G., et un autre directeur à Osram, et une influence significative dans les politiques intérieures de ces sociétés allemandes. L'importance de cette propriété de General Electric est que A.E.G. et Osram étaient des fournisseurs de fonds importants pour Hitler lors de son ascension au pouvoir en Allemagne en 1933. Un bulletin de virement bancaire daté du 2 mars 1933 de A.E.G. à Delbruck Schickler & Co. à Berlin demande que 60 000 Reichsmark soient déposés sur le compte de la "Nationale Treuhand" (Tutelle nationale) pour l'usage d'Hitler. Ce bordereau est reproduit plus loin.

I.G. Farben était le plus important des bailleurs de fonds nationaux d'Hitler, et (comme on l'a noté ailleurs) I.G. Farben contrôlait I.G. américain. De plus, plusieurs directeurs d'A.E.G. faisaient également partie du conseil d'administration d'I.G. Farben - c'est-à-dire que Hermann Bucher, président d'A.E.G., faisait partie du conseil d'administration d'I.G. Farben ; de même que les directeurs d'A.E.G. Julius Flechtheim et Walter von Rath. I.G. Farben a contribué à hauteur de 30% au fonds de la tutelle nationale (ou de la reprise) d'Hitler de 1933.

Walter Fahrenhorst de l'A.E.G. faisait également partie du conseil d'administration de Phoenix A-G, Thyssen A-G et Demag A-G - et tous contribuaient au fonds d'Hitler. Demag A-G contribuait à hauteur de 50 000 RM au fonds d'Hitler. Il avait un directeur au sein d'A.E.G. - le célèbre Friedrich Flick, et premier partisan d'Hitler, qui fut plus tard condamné au procès de Nuremberg. Accumulatoren Fabrik A-G était un contributeur d'Hitler (25 000 RM, voir page 60) avec deux directeurs au sein du conseil d'administration de l'A.E.G., August Pfeffer et Gunther Quandt. Quandt possédait personnellement 75% d'Accumulatoren Fabrik.

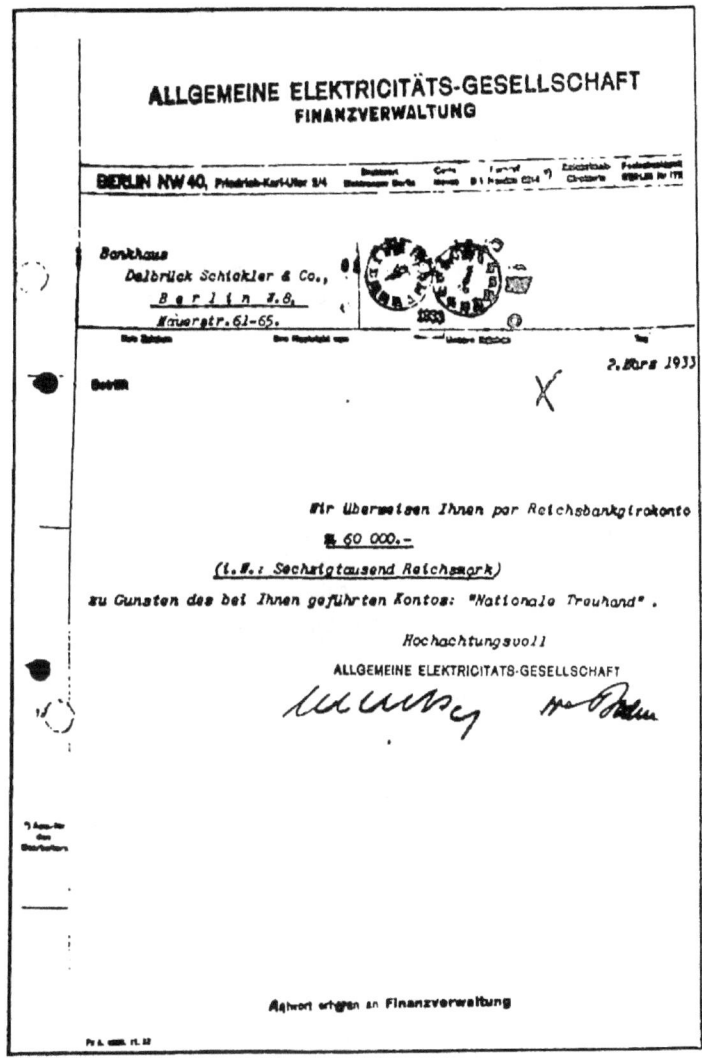

Récépissé bancaire original du transfert daté du 2 mars 1933, de German General Electric vers la banque Delbrück, Schickler à Berlin, avec instruction de payer 60 000 RM au Nationale Treuhand (administré par Hjalmar Schacht et Rudolf Hess) qui fut utilisé pour faire élire Hitler en mars 1933. Source : tribunal militaire de Nuremberg document n°391-395.

Osram Gesellschaft, dans laquelle International General Electric avait une participation directe de $16^{2/3}$, avait également deux directeurs au sein du conseil d'administration de l'A.E.G : Paul Mamroth et Heinrich

Pferls. Osram a contribué à hauteur de 40 000 RM directement au fonds Hitler. Le groupe Otto Wolff, Vereinigte Stahlwerke A-G, bénéficiaire de prêts substantiels à New York dans les années 1920, disposait de trois directeurs au conseil d'administration de l'A.E.G : Otto Wolff, Henry Nathan et Jakob Goldschmidt. Alfred Krupp von Bohlen, propriétaire unique de l'organisation Krupp et un des premiers partisans d'Hitler, était membre du Aufsichsrat de l'A.E.G. Robert Pferdmenges, membre du cercle des amis de Himmler, était également directeur de l'A.E.G.

En d'autres termes, presque tous les directeurs allemands de la General Electric étaient des partisans financiers d'Hitler et étaient associés non seulement à A.E.G. mais aussi à d'autres sociétés finançant Hitler.

Walter Rathenau[61] est devenu directeur de A.E.G. en 1899 et, au début du XXe siècle, il était directeur de plus de 100 sociétés. Rathenau a également été l'auteur du "Plan Rathenau", qui présente une remarquable ressemblance avec le "Plan Swope" - c'est-à-dire le New Deal de FDR mais écrit par Swope de G.E. En d'autres termes, nous avons l'extraordinaire coïncidence que les auteurs des plans sur le modèle du New Deal aux États-Unis et en Allemagne aient également été les principaux soutiens de leurs exécutants : Hitler en Allemagne et Roosevelt aux États-Unis.

M. Swope a été président du conseil d'administration de la General Electric Company et de l'International General Electric. En 1932, les directeurs américains de l'A.E.G., étaient très liés aux milieux bancaires et politiques américains comme suit

GERARD SWOPE	Président d'International General Electric et président de la General Electric Company, directeur de la National City Bank (et d'autres sociétés), directeur d'A.E.G. et d'Osram en Allemagne. Auteur du New Deal de FDR et membre de nombreuses organisations Roosevelt.
Owen D. Young	Président du conseil d'administration de General Electric et vice-président de la Banque de Réserve Fédérale de New York. Auteur, avec J. P, Morgan, du Plan Young qui a remplacé le Plan Dawes en 1929. (Voir le premier chapitre).
CLARK H. Minor	Président et directeur d'International General Electric, directeur de British Thomson Houston, Compania Generale di Electtricita (Italie), et Japan Electric Bond & Share Company (Japon).

---

[61] Fils d'Emil Rathenau, fondateur d'A.E.G., né en 1867 et assassiné en 1922.

En bref, nous disposons de preuves solides d'une authenticité incontestable pour démontrer que la General Electric allemande a contribué de manière substantielle au financement politique d'Hitler. Il y avait quatre directeurs américains de l'A.E.G. (Baldwin, Swope, Minor et Clark), qui était détenue à 80% par International General Electric. De plus, I.G.E. et les quatre directeurs américains représentaient le plus grand intérêt et avaient donc la plus grande influence sur les actions et les politiques d'A.E.G. De plus, presque tous les autres directeurs de l'A.E.G. étaient liés à des entreprises (I.G. Farben, Accumulatoren Fabrik, etc.) qui contribuaient directement au financement politique d'Hitler. Cependant, seuls les directeurs allemands de l'A.E.G. ont été jugés à Nuremberg en 1945.

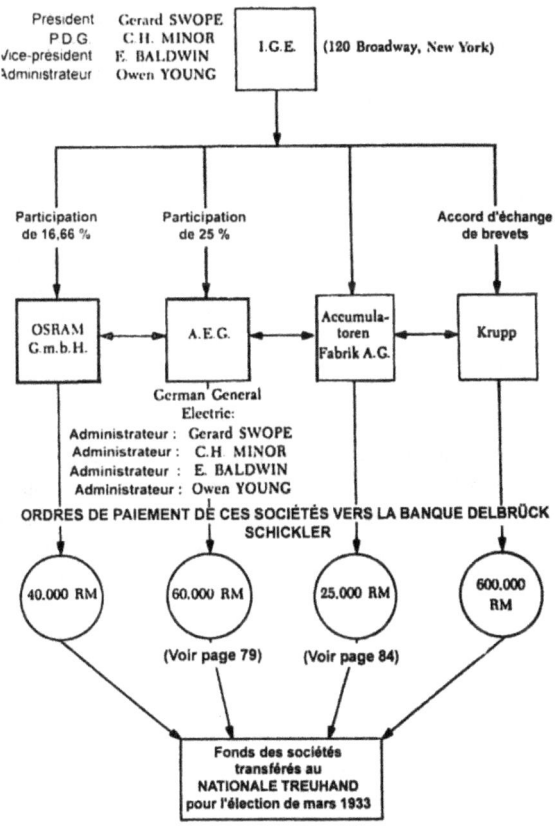

COOPÉRATION TECHNIQUE AVEC KRUPP

En plus de l'aide financière à Hitler, General Electric a étendu son aide aux ententes avec d'autres bailleurs de fonds d'Hitler pour leur bénéfice mutuel et celui de l'État nazi. Le carbure de tungstène cémenté est un exemple de cette coopération G.E.-Nazi. Avant novembre 1928, les industries américaines disposaient de plusieurs sources pour le carbure de tungstène et les outils et matrices contenant cette composition de métal lourd. Parmi ces sources figuraient la société Krupp d'Essen, en Allemagne, et deux entreprises américaines auxquelles Krupp expédiait et vendait alors, l'Union Wire Die Corporation et Thomas Prosser & Son. En 1928, Krupp s'est engagée à accorder des licences sur des brevets américains qu'elle détenait à la Firth-Sterling Steel Company et à la Ludlum Steel Company. Avant 1928, ce carbure de tungstène destiné à être utilisé dans des outils et des matrices se vendait aux États-Unis à environ 50 dollars la livre.

Les brevets américains que Krupp prétendait détenir ont été cédés par Osram Kommanditgesellschaft, et avaient été précédemment cédés par la société allemande Osram à General Electric. Cependant, General Electric avait également développé ses propres brevets, principalement les brevets Hoyt et Gilson, couvrant des procédés concurrents pour le carbure de tungstène cémenté. General Electric pensait pouvoir utiliser ces brevets de manière indépendante sans enfreindre ou concurrencer les brevets Krupp. Mais au lieu d'utiliser les brevets G.E. indépendamment en concurrence avec Krupp, ou de tester ses droits en vertu des lois sur les brevets, General Electric a conclu un accord de cartel avec Krupp pour mettre en commun les brevets des deux parties et donner à General Electric le contrôle monopolistique du carbure de tungstène aux États-Unis.

La première étape de cette entente a été franchie par Carboloy Company, Inc, une filiale de General Electric, constituée dans le but d'exploiter le carbure de tungstène. Le prix des années 1920, qui était d'environ 50 dollars la livre, a été porté par Carboloy à 458 dollars la livre. Il est évident qu'aucune entreprise ne pouvait vendre de grandes quantités de carbure de tungstène dans cette fourchette de prix, mais le prix maximiserait les profits de G.E. En 1934, General Electric et Carboloy ont également pu obtenir, par achat, la licence accordée par Krupp à la Ludlum Steel Company, éliminant ainsi un concurrent. En 1936, Krupp a été incité à s'abstenir de toute nouvelle importation aux États-Unis. Une partie du prix payé pour l'élimination du marché américain du carbure de tungstène fabriqué à l'étranger était un engagement réciproque que General Electric et Carboloy n'exporteraient pas à partir des États-Unis. Ces sociétés américaines se sont donc liées par contrat, ou ont permis à Krupp de se lier les mains, et ont refusé les marchés étrangers à l'industrie américaine. La société Carboloy a ensuite racheté l'entreprise de Thomas Prosser & Son, et en 1937, pour près d'un million de dollars, Carboloy a racheté l'entreprise concurrente de l'Union Wire Die Corporation. En refusant de vendre, Krupp a coopéré avec General Electric et Carboloy pour persuader Union Wire Die Corporation de vendre.

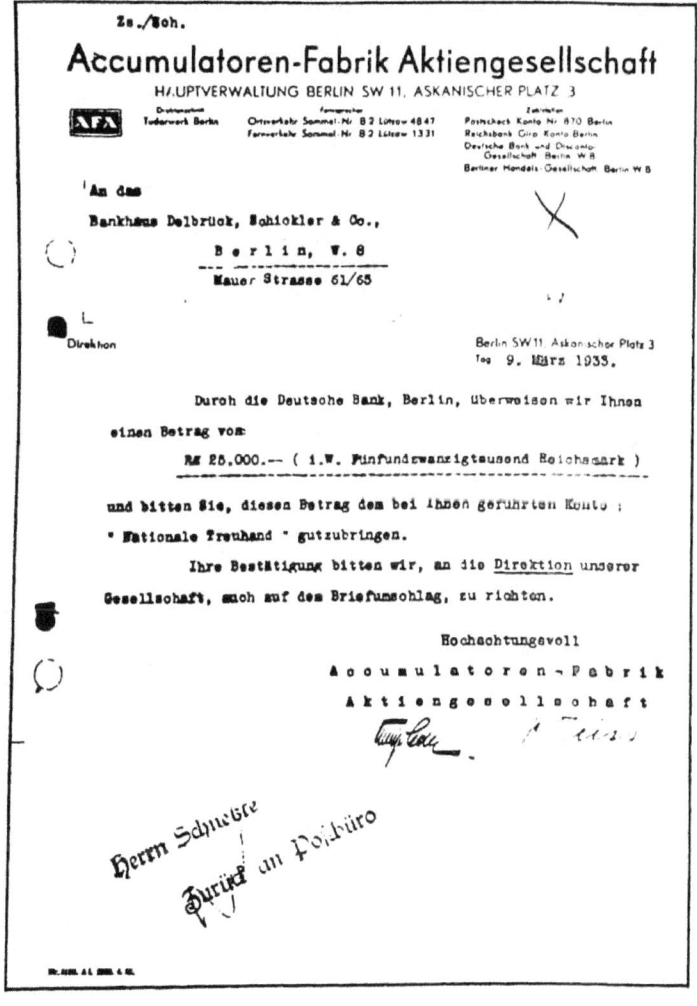

Récépissé du transfert bancaire orignal daté du 9 mars 1933, d'Accumulatoren-Fabrik vers la banque Delbrück Schickler à Berlin, avec instruction de payer

25 000 RM au Nationale Treuhand (administré par Hjalmar Schacht et Rudolf Hess) utilisé pour faire élire Hitler en mars 1933.

Les licences pour la fabrication de carbure de tungstène ont alors été refusées. Une demande de licence de la Crucible Steel Company a été refusée en 1936. Une demande de licence de la Chrysler Corporation a été refusée en 1938. Une licence de la Triplett Electrical Instrument Company a été refusée le 25 avril 1940. Une licence a également été refusée à la General Cable Company. Pendant plusieurs années, la Ford Motor Company a exprimé sa forte opposition à la politique de prix élevés suivie par la Carboloy Company, et à un moment donné, elle a demandé le droit de fabriquer pour son propre usage. Cette demande a été refusée. À la suite de ces tactiques, General Electric et sa filiale Carboloy ont émergé en 1936 ou 1937 avec un monopole quasi total du carbure de tungstène aux États-Unis.

En bref, General Electric - avec la coopération d'un autre partisan d'Hitler, Krupp - obtint conjointement pour G,E. un monopole aux États-Unis pour le carbure de tungstène. Ainsi, au début de la Seconde Guerre mondiale, General Electric avait un monopole à un prix établi de 450 dollars la livre - presque dix fois plus que le prix de 1928 - et l'utilisation aux États-Unis avait été restreinte en conséquence.

A.E.G. ÉVITE LES BOMBARDEMENTS PENDANT LA SECONDE GUERRE MONDIALE

En 1939, l'industrie électrique allemande était devenue étroitement liée à deux entreprises américaines : International General Electric et International Telephone and Telegraph. Les plus grandes entreprises de la production électrique allemande et leurs affiliations étaient classées par ordre d'importance :

Entreprise et type de production	Pourcentage de la production allemande de 1939	Entreprise affiliée aux États-Unis
Industrie des courants forts		
General Electric (A.E.G.)	40 pour cent	International General Electric
Siemens Schukert A.G	40 pour cent	Aucune
Brown Boveri et Cie	17 pour cent	Aucune

Téléphone et télégraphe		
Siemens et Halske	60 pour cent	Aucune
Lorenz A.G.	85 pour cent	I.T.T.
Radio		
Telefunken (A.E.G. après 1941)	60 pour cent	International General Electric
Lorenz	35 pour cent	I.T.T.
Fils et câbles		
Felton & Guilleaume A.G.	20 pour cent	I.T.T.
Siemens	20 pour cent	Aucune
A.E.G.	20 pour cent	International General Electric

En d'autres termes, en 1939, l'industrie allemande de l'équipement électrique était concentrée dans quelques grandes sociétés liées au sein d'un cartel international et par actionnariat à deux grandes sociétés américaines. Ce complexe industriel n'a jamais été une cible privilégiée pour les bombardements de la Seconde Guerre mondiale. Les usines A.E.G. et I.T.T. n'ont été touchées qu'accessoirement lors de raids ponctuels mais plutôt rarement. Les usines d'équipements électriques bombardées comme cibles n'étaient pas celles affiliées à des entreprises américaines. Ce sont les usines Brown Boveri à Mannheim et Siemensstadt à Berlin - qui n'étaient pas liées aux États-Unis - qui ont été bombardées. En conséquence, la production allemande de matériel de guerre électrique a augmenté régulièrement tout au long de la Seconde Guerre mondiale, atteignant un sommet en 1944. Selon les rapports de l'enquête américaine sur les bombardements stratégiques :

> "Selon les assistants de Speers et les responsables des usines, l'effort de guerre en Allemagne n'a jamais été entravé de manière importante par une quelconque pénurie de matériel électrique".[62]

L'usine A. E.G. située au 185 Muggenhofer Strasse, à Nuremberg, est un exemple de la politique de non-bombardement de la General Electric

---

[62] The United States Strategic Bombing Survey, *German Electrical Equipment Industry/Report,* (Equipment Division, January 1947), p. 4.

allemande. L'étude de la production de cette usine pendant la Seconde Guerre mondiale est intéressante car elle illustre la façon dont la production en temps de paix a été convertie en travail de guerre. L'usine d'avant-guerre fabriquait des équipements ménagers, tels que des plaques chauffantes, des cuisinières électriques, des fers à repasser électriques, des grille-pain, des fours industriels, des radiateurs, des chauffe-eau, des fours de cuisine et des chauffages industriels. En 1939, 1940 et 1941, la plupart des installations de production de l'usine de Nuremberg ont été utilisées pour la fabrication de produits en temps de paix. En 1942, la production de l'usine a été réorientée vers la fabrication de matériel de guerre. Des pièces métalliques pour les équipements de communication et les munitions telles que les bombes et les mines ont été fabriquées. La production de guerre consistait également en pièces pour les projecteurs et les amplificateurs. Le tableau suivant montre de façon très frappante la conversion au travail de guerre :

Année	Total des ventes en 1000 RM	Pourcentage pour la guerre	Pourcentage de la production ordinaire
1939	12,469	5	95
1940	11,754	15	85
1941	21,194	40	60
1942	20,689	61	39
1948	31,455	67	33
1944	31,205	69	31

Les dommages physiques réels causés par le bombardement de cette usine ont été insignifiants. Aucun dommage grave n'est survenu avant les raids des 20 et 21 février 1945, vers la fin de la guerre, et la protection était alors assez bien développée. Les raids au cours desquels les bombes ont frappé la zone de l'usine et les dommages insignifiants qui ont été causés sont énumérés ci-dessous :

Date du raid	Bombes frappant une usine	Dommages causés
8 mars 1943	30 bâtonnets de type I.B.	Une bagatelle, mais trois entrepôts à l'extérieur de l'usine principale ont été détruits.

9 septembre 1944	Aucune (dégâts dus à l'explosion)	Dégâts causés par des bagatelles, des vitres et des rideaux d'occultation.
26 novembre 1944	14000 lb HE en espace ouvert dans les terrains de l'usine	Atelier de bois détruit, conduite d'eau rompue.
20 février 1945	2 HE	3 bâtiments endommagés.
21 février 1945	5 HE, beaucoup d'I.B.	Le bâtiment administratif a été détruit et les travaux d'émaillage endommagés par l'administration centrale.

Un autre exemple de centrale allemande General Electric non bombardée est l'usine A.E.G. de Koppelsdorf qui produit des radars et des antennes de bombardiers. D'autres usines A.E.G. n'ont pas été bombardées[63] et leur production de matériel de guerre l'a été :

LISTE DES USINES QUI N'ONT PAS ÉTÉ BOMBARDÉES PENDANT LA SECONDE GUERRE MONDIALE, PAR EXEMPLE

Nom de la branche	Lieu	Produit
1ère usine de Reiehmannsdoff avec des subdivisions à Wallendorf et Unterweissbach	Kries Saalfeld	Instruments de mesure
2. Werk Marktschorgast	Bayreuth	Démarrage
3. Werk F18ha	Sachsen	Ensembles d'envoi en ondes courtes
4. Werk Reichenbach	Vogtland	Batteries de cellules sèches
5. Travail Burglengefeld	Sachsen/S.E. Chemnitz	Lourds démarreurs
6. Werk Nuremburg	Belringersdorf/ Nuremberg	Petites composantes
7. Werk Zirndorf	Nuremberg	Lourds démarreurs

---

[63] U.S. Strategic Bombing Survey, Plant Report of A.E.G. (Allgemeine Elektrizitats Gesellschaft), Nuremberg, Allemagne : juin 1945), p. 6.

8. Travail à Mattinghofen	Oberdonau	1 KW Senders 250 mètres et longue vague pour les torpilleurs et les U-boats
9. Unterwerk Neustadt	Cobourg	Équipement radar

Le fait que les usines d'A.E.G. en Allemagne n'ont pas été bombardées pendant la Seconde Guerre mondiale a été confirmé par le Strategic Bombing Survey des États-Unis, dirigé par des universitaires tels que John K. Galbraith et des Wall Streeters comme George W. Ball et Paul H. Nitze. Leur "German Electrical Equipment Industry Report" daté de janvier 1947 conclut :

> *L'industrie n'a jamais été attaquée en tant que système cible de base, mais quelques usines, comme Brown Boveri à Mannheim, Bosch à Stuttgart et Siemenstadt à Berlin, ont fait l'objet de raids de précision ; de nombreuses autres ont été touchées lors de raids de zone.*[64]

À la fin de la Seconde Guerre mondiale, une équipe d'enquête alliée, connue sous le nom de FIAT, a été envoyée pour examiner les dommages causés par les bombes aux usines de l'industrie électrique allemande. L'équipe chargée de l'industrie électrique était composée d'Alexander G.P.E. Sanders de l'International Telephone and Telegraph de New York, de Whitworth Ferguson de la Ferguson Electric Company, New York, et d'Erich J. Borgman de Westinghouse Electric. Bien que l'objectif déclaré de ces équipes était d'examiner les effets sur les bombardements alliés de cibles allemandes, l'objectif de cette équipe particulière était de remettre l'industrie allemande de l'équipement électrique en production le plus rapidement possible. Whirworth Ferguson a rédigé un rapport daté du 31 mars 1945 sur les A.E.G. Ostland-werke et a conclu que "cette usine est immédiatement disponible pour la production de pièces et d'assemblages métalliques fins."[65]

---

[64] Par conséquent, "la production pendant la guerre a été suffisante jusqu'en novembre 1944" et "selon les assistants de Speer et les responsables des usines, l'effort de guerre en Allemagne n'a jamais été entravé de manière importante par une quelconque pénurie de matériel électrique". Les difficultés n'ont surgi qu'à la toute fin de la guerre, lorsque l'ensemble de l'économie était menacé d'effondrement. Le rapport conclut : "On peut donc dire que tous les besoins importants en matériel électrique en 1944 ont été satisfaits, car les plans ont toujours été optimistes".

[65] Étude américaine sur les bombardements stratégiques, AEG-Ostlandwerke GmbH, par Whitworth Ferguson, 31 mai 1945.

Pour conclure, nous constatons que Rathenau de l'A.E.G. et Swope de General Electric aux États-Unis avaient tous deux des idées similaires pour mettre l'État au service de leurs propres objectifs. La General Electric a joué un rôle important dans le financement d'Hitler, elle a largement profité de la production de guerre - et pourtant elle a réussi à éviter les bombardements pendant la Seconde Guerre mondiale. Il est évident que l'histoire brièvement étudiée ici mérite une enquête beaucoup plus approfondie - et si possible officielle.

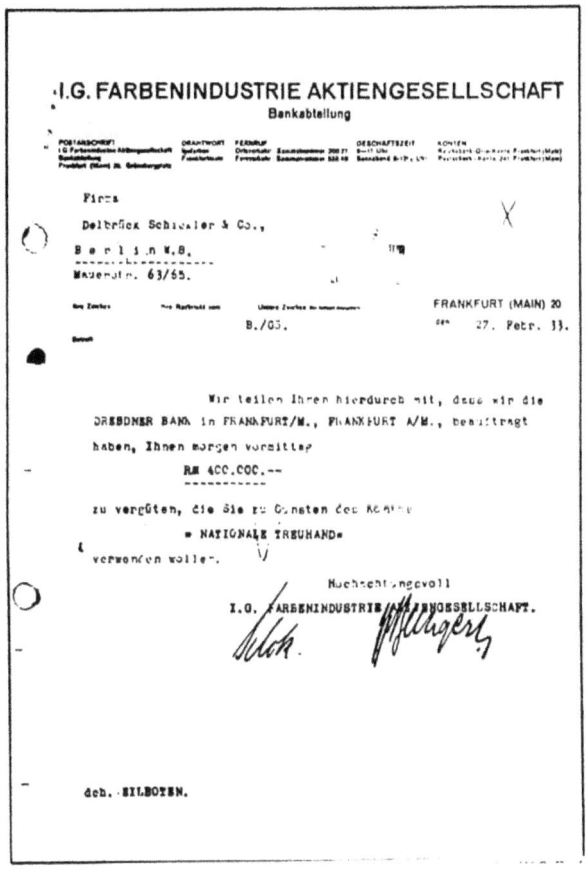

Récépissé du transfert original, daté du 27 février 1933, d'IG Farben vers la banque Delbrück-Schickler à Berlin, avec pour instruction de verser 400 000 RM au Nationale Treuhand (administré par Hjalmar Schacht et Rudolf Hess), utilisé pour faire élire Hitler en mars 1933. Source : tribunal militaire de Nuremberg, document n°391-395.

CHAPITRE IV

LA STANDARD OIL RAVITAILLE LA DEUXIÈME GUERRE MONDIALE

> *En deux temps, trois mouvements, l'Allemagne va produire suffisamment de pétrole et de gaz à partir de charbon pour une longue guerre. La Standard Oil de New York fournit des millions de dollars pour l'aider.*
>
> (Rapport de l'attaché commercial de l'ambassade des États-Unis à Berlin, Allemagne, janvier 1933, au département d'État à Washington, D.C.)

Le groupe de sociétés Standard Oil, dans lequel la famille Rockefeller détenait un quart des parts (et le contrôle), a joué un rôle essentiel[66] dans la préparation de l'Allemagne nazie à la Seconde Guerre mondiale. Cette aide à la préparation militaire est née du fait que les réserves relativement insignifiantes de pétrole brut de l'Allemagne étaient tout à fait insuffisantes pour la guerre mécanisée moderne ; en 1934, par exemple, environ 85% des produits pétroliers finis allemands étaient importés. La solution adoptée par l'Allemagne nazie consistait à fabriquer de l'essence synthétique à partir de ses abondantes réserves de charbon nationales. C'est le procédé d'hydrogénation permettant de produire de l'essence synthétique et les propriétés de l'iso-octane dans l'essence qui ont permis à l'Allemagne d'entrer en guerre en 1940 - et ce procédé d'hydrogénation a été développé et financé par les laboratoires Standard Oil aux États-Unis en partenariat avec I.G. Farben.

Les preuves présentées aux comités Truman, Bone et Kilgore après la Seconde Guerre mondiale ont confirmé que Standard Oil avait en même temps "sérieusement mis en péril les préparatifs de guerre des États-

---

[66] En 1935, John D. Rockefeller, Jr. possédait des actions évaluées à 245 millions de dollars dans la Standard Oil du New Jersey, la Standard Oil de Californie et la Socony-Vacuun Company, *New York Times*, 10 janvier 1935.

Unis". Des preuves[67] documentaires ont été présentés aux trois commissions du Congrès, selon lesquelles avant la Seconde Guerre mondiale, Standard Oil avait convenu avec I.G. Farben, dans le cadre de l'accord dit "Jasco", que le caoutchouc synthétique était dans la sphère d'influence de Farben, alors que Standard Oil ne devait avoir un monopole absolu aux États-Unis que si et quand Farben autorisait le développement du caoutchouc synthétique aux États-Unis :

> *En conséquence, la norme [du Comité Kilgore] a pleinement atteint l'objectif du gouvernement américain qui était d'empêcher la production américaine en dissuadant les entreprises américaines de caoutchouc d'entreprendre des recherches indépendantes pour développer des procédés de caoutchouc synthétique.*[68]

Malheureusement, les commissions du Congrès n'ont pas exploré un aspect encore plus inquiétant de cette collusion entre Standard Oil et I.G. Farben : à cette époque, les directeurs de la Standard Oil du New Jersey avaient non seulement des affiliations de guerre stratégique avec I.G. Farben, mais aussi d'autres liens avec l'Allemagne de Hitler - jusqu'à contribuer, par l'intermédiaire de filiales allemandes, au fonds personnel de Heinrich Himmler et à être membre du Cercle des amis de Himmler jusqu'en 1944.

Pendant la Seconde Guerre mondiale, la Standard Oil du New Jersey a été accusée de trahison pour cette alliance passée avant-guerre avec Farben, alors même que ses activités continues en temps de guerre au sein du Cercle des amis de Himmler étaient inconnues. Les accusations de trahison ont été niées avec véhémence par Standard Oil. L'une des plus importantes de ces défenses a été publiée par R.T. Haslam, un directeur de Standard Oil du New Jersey, dans le *Petroleum Times* (25 décembre 1943), et intitulée "Des secrets transformés en armes de guerre puissantes grâce à l'accord I.G. Farben".[69] Il s'agissait d'une tentative de renverser la situation et de présenter la collusion d'avant-guerre comme avantageuse pour les États-Unis.

Quels qu'aient pu être les souvenirs de guerre et la défense hâtive de Standard Oil, les négociations et les contrats de 1929 entre la Standard Oil et I.G. Farben ont été enregistrés dans la presse contemporaine et décrivent les accords entre la Standard Oil du New Jersey et I.G. Farben ainsi que leurs intentions. En avril 1929, Walter C. Teagle, président de la Standard Oil du New Jersey, devient directeur de la nouvelle

---

[67] Élimination des ressources allemandes, op. cit. p. 1085.

[68] Ibid.

[69] *NMT*, affaire I.G. Farben, p. 1304.

organisation américaine I.G. Farben. Non pas parce que Teagle s'intéressait à l'industrie chimique, mais parce que,

> Depuis quelques années, elle entretient des relations très étroites avec certaines branches des travaux de recherche de l'I.G. Farben, qui sont étroitement liées à l'industrie pétrolière.[70]

Teagle a annoncé que des travaux de recherche communs sur la production de pétrole à partir du charbon étaient menés depuis un certain temps et qu'un laboratoire de recherche pour ces travaux allait être créé aux États-Unis[71]. En novembre 1929, cette société de recherche commune Standard-Farben a été créée sous la direction de la Standard Oil Company du New Jersey, et toutes les recherches et tous les brevets relatifs à la production de pétrole à partir du charbon détenus par I.G. et Standard ont été mis en commun. Auparavant, au cours de la période 1926-1929, les deux sociétés avaient coopéré au développement du processus d'hydrogénation, et des installations expérimentales avaient été mises en service aux États-Unis et en Allemagne. Il était maintenant proposé de construire de nouvelles usines aux États-Unis à Bayway, dans le New Jersey, et à Baytown, au Texas, en plus de l'expansion de l'usine expérimentale précédente à Bâton Rouge. La norme est annoncée :

> ... l'importance du nouveau contrat tel qu'il s'applique à ce pays réside dans le fait qu'il garantit que le processus d'hydrogénation sera développé commercialement dans ce pays sous la direction des intérêts pétroliers américains.[72]

En décembre 1929, la nouvelle société, Standard I.G. Company, est créée. F.A. Howard est nommé président, et ses directeurs allemands et américains sont annoncés comme suit : E.M. Clark, Walter Duisberg, Peter Hurll, R.A. Reidemann, H.G. Seidel, Otto von Schenck et Guy Wellman.

La majorité des actions de la société de recherche étaient détenues par Standard Oil. Le travail technique, le travail de développement des procédés et la construction de trois nouvelles usines de production de pétrole à partir de charbon aux États-Unis ont été confiés à la Standard Oil Development Company, la filiale technique de Standard Oil. Il ressort clairement de ces rapports contemporains que le travail de développement du pétrole à partir du charbon a été entrepris par la Standard Oil du New Jersey aux États-Unis, dans des usines de la

---

[70] *New York Times*, 28 avril 1929.

[71] Ibid.

[72] Ibid, 24 novembre 1929.

Standard Oil et avec un financement et un contrôle majoritaires de la Standard. Les résultats de ces recherches furent mis à la disposition de I.G. Farben et devinrent la base du développement du programme de pétrole à partir du charbon d'Hitler qui rendit possible la Seconde Guerre mondiale.

L'article de Haslam, écrit par un ancien professeur de génie chimique au M.I.T. (alors vice-président de Standard Oil du New Jersey), soutenait - contrairement à ces faits enregistrés - que Standard Oil était en mesure, grâce à ses accords Farben, d'obtenir de la technologie allemande pour les États-Unis. Haslam a cité la fabrication de caoutchouc buna, de toluol et de paratone (Oppanol), utilisés pour stabiliser la viscosité du pétrole, un matériau essentiel pour les opérations de ravitaillement dans le désert et en hiver en Russie. Cependant, cet article, avec ses prétentions égoïstes erronées, a trouvé son chemin vers l'Allemagne du temps de guerre et a fait l'objet d'un mémorandum "secret" I.G. Farben daté du 6 juin 1944, adressé par le défendeur de Nuremberg et le fonctionnaire von Knieriem de l'époque à ses collègues de la direction de Farben. Cette note "secrète" de von Knieriem expose les faits que Haslam a évités dans son article du *Petroleum Times*. Le mémo était en fait un résumé de ce que Standard n'était pas disposé à révéler au public américain - c'est-à-dire la contribution majeure apportée par la Standard Oil du New Jersey à la machine de guerre nazie. Le mémorandum Farben indique que les accords de Standard Oil étaient *absolument essentiels* pour I.G. Farben :

> *La conclusion d'un accord avec Standard était nécessaire pour des raisons techniques, commerciales et financières : sur le plan technique, parce que l'expérience spécialisée dont seule une grande compagnie pétrolière disposait était nécessaire au développement de notre procédé, et qu'une telle industrie n'existait pas en Allemagne ; sur le plan commercial, parce qu'en l'absence de contrôle économique de l'État en Allemagne à l'époque, IG devait éviter une lutte concurrentielle avec les grandes puissances pétrolières, qui vendaient toujours la meilleure essence au prix le plus bas sur des marchés contestés ; sur le plan financier, parce que IG, qui avait déjà dépensé des sommes extraordinairement importantes pour le développement du procédé, devait demander un allègement financier afin de pouvoir poursuivre le développement dans d'autres nouveaux domaines techniques, comme le buna.*[73]

Le mémorandum Farben a ensuite répondu à la question clé : Qu'est-ce que I.G. Farben a acquis de Standard Oil qui était "vital pour la conduite de la guerre" ? Le mémorandum examine les produits cités par Haslam - c'est-à-dire l'iso-octane, le toluol, l'oppanol-paratone et le buna

---

[73] NMT, affaire I.G. Farben, volumes VII et VIII, p. 1304-1311.

- et démontre que, contrairement à ce que prétend publiquement Standard Oil, leur technologie provenait en grande partie des États-Unis et non de l'Allemagne.

Sur l'iso-octane, le mémorandum Farben dit, en partie :

> *En raison de leurs décennies de travail sur les carburants, les Américains ont été en avance sur nous dans leur connaissance des exigences de qualité requises par les différentes utilisations des carburants. Ils avaient notamment développé, à grands frais, un grand nombre de méthodes pour tester l'essence pour différentes utilisations.*
>
> *Sur la base de leurs expériences, ils avaient reconnu la bonne qualité antidétonante de l'iso-octane bien avant de connaître notre processus d'hydrogénation. Cela est prouvé par le seul fait qu'en Amérique, les carburants sont classés en fonction de leur indice d'octane, et l'iso-octane a été classé comme le meilleur carburant avec le chiffre 100. Toutes ces connaissances sont naturellement devenues les nôtres grâce à l'accord, qui nous a permis d'économiser beaucoup d'efforts et nous a préservé de nombreuses erreurs.*

I.G. Farben ajoute que l'affirmation de Haslam selon laquelle la production d'iso-octane n'a été connue en Amérique que par le processus d'hydrogénation de Farben n'était pas correcte :

> *Dans le cas de l'iso-octane, en particulier, il est démontré que nous devons beaucoup aux Américains car, dans nos propres travaux, nous pourrions largement nous inspirer des informations américaines sur le comportement des carburants dans les moteurs. En outre, nous avons également été tenus au courant par les Américains de l'évolution de leur processus de production et de son développement ultérieur.*
>
> *Peu avant la guerre, une nouvelle méthode de production d'iso-octane a été trouvée en Amérique - l'alkylation avec isomérisation comme étape préliminaire. Ce procédé, que M. Haslain ne mentionne pas du tout, provient en fait entièrement des Américains et nous l'avons fait connaître en détail dans ses différentes étapes grâce aux accords que nous avons conclus avec eux, et nous l'utilisons très largement.*

Sur le toluol, I.G. Farben souligne une inexactitude factuelle dans l'article de Haslam : le professeur Haslam affirme que le toluol n'a pas été produit par hydrogénation aux États-Unis. Dans le cas de l'oppanol, le mémo de I.G. qualifie les informations de Haslam d'"incomplètes" et en ce qui concerne le caoutchouc buna, "nous n'avons jamais donné d'informations techniques aux Américains, et il n'y a pas eu de coopération technique dans le domaine du buna". Plus important encore, le mémo Farben poursuit en décrivant certains produits non cités par Haslam dans son article :

En conséquence de nos contrats avec les Américains, nous avons reçu d'eux, au-delà de l'accord, de nombreuses contributions très précieuses pour la synthèse et l'amélioration des carburants et des huiles lubrifiantes, qui, à l'heure actuelle, pendant la guerre, nous sont très utiles ; et nous avons également reçu d'eux d'autres avantages. En premier lieu, on peut citer les suivants :

1) Surtout, l'amélioration des carburants par l'ajout de plomb tétraéthyle et la fabrication de ce produit. Il n'est pas nécessaire de mentionner spécialement que sans le plomb tétraéthyle, les méthodes de guerre actuelles seraient impossibles. Le fait que depuis le début de la guerre nous ayons pu produire du plomb tétraéthyle est entièrement dû aux circonstances dans lesquelles, peu de temps auparavant, les Américains nous avaient présenté les plans de production, avec leur savoir-faire. C'était d'ailleurs la première fois que les Américains décidaient d'accorder une licence sur ce procédé dans un pays étranger (outre la communication de secrets non protégés) et ce uniquement sur nos demandes urgentes à Standard Oil pour réaliser notre souhait. Contractuellement, nous ne pouvions pas l'exiger, et nous avons découvert plus tard que le ministère de la guerre à Washington n'avait donné son autorisation qu'après de longues délibérations.

2) Conversion des insaturés de faible poids moléculaire en essence utilisable (polymérisation). De nombreux travaux ont été réalisés dans ce domaine, ici comme en Amérique. Mais les Américains ont été les premiers à mener le processus à grande échelle, ce qui nous a suggéré de développer également le processus à grande échelle technique. Mais au-delà de cela, des usines construites selon des procédés américains fonctionnent en Allemagne.

3) Dans le domaine des huiles lubrifiantes également, l'Allemagne, par le biais du contrat avec l'Amérique, a appris des expériences qui sont extraordinairement importantes pour la guerre actuelle.

À cet égard, nous avons obtenu non seulement l'expérience de Standard, mais aussi, par l'intermédiaire de Standard, l'expérience de General Motors et d'autres grandes entreprises automobiles américaines.

4) Il convient de mentionner un autre exemple remarquable de l'effet avantageux pour nous du contrat entre IG et Standard Oil : dans les années 1934/1935, notre gouvernement avait le plus grand intérêt à rassembler de l'étranger un stock de produits pétroliers particulièrement précieux (en particulier, de l'essence et de l'huile de lubrification pour l'aviation), et à le garder en réserve pour un montant approximativement égal à 20 millions de dollars à la valeur du marché. Le gouvernement allemand a demandé à IG s'il n'était pas possible, sur la base de relations amicales avec Standard Oil, d'acheter ce montant au nom de Farben ; en fait, cependant, en tant que représentant du gouvernement allemand. Le fait que nous ayons effectivement réussi, au moyen des négociations les plus difficiles, à acheter la quantité souhaitée par notre gouvernement à l'*American Standard Oil Company* et au groupe néerlandais - anglais *Royal - néerlandais - Shell* et à la transporter en Allemagne, n'a été rendu possible que grâce à l'aide de la Standard Oil Co.

DU PLOMB ÉTHYLIQUE POUR LA WEHRMACHT

Un autre exemple important de l'aide apportée par Standard Oil à l'Allemagne nazie - en coopération avec General Motors - a été la fourniture de plomb éthylique. Le fluide éthylique est un composé antidétonant utilisé dans les carburants pour l'aviation et l'automobile pour éliminer le cliquetis et améliorer ainsi l'efficacité des moteurs ; sans ces composés antidétonants, la guerre mobile moderne serait impraticable.

En 1924, l'Ethyl Gasoline Corporation a été créée à New York, détenue conjointement par la Standard Oil Company du New Jersey et la General Motors Corporation, pour contrôler et utiliser les brevets américains pour la fabrication et la distribution de plomb tétraéthyle et de fluide éthylique aux États-Unis et à l'étranger. Jusqu'en 1935, la fabrication de ces produits n'était entreprise qu'aux États-Unis. En 1935, Ethyl Gasoline Corporation a transféré son savoir-faire en Allemagne pour l'utiliser dans le programme de réarmement nazi. Ce transfert a été effectué en dépit des protestations du gouvernement américain[74].

L'intention d'Ethyl de transférer sa technologie antidétonante à l'Allemagne nazie a été portée à l'attention de l'Army Air Corps à Washington, D.C. Le 15 décembre 1934, E. W. Webb, président d'Ethyl Gasoline, a été informé que Washington avait appris l'intention de "former une société allemande avec l'I.G. pour fabriquer du plomb éthylique dans ce pays". Le ministère de la guerre a indiqué que ce transfert technologique était très critiqué, ce qui pourrait "avoir les plus graves répercussions" pour les États-Unis ; que la demande commerciale de plomb éthylique en Allemagne était trop faible pour être intéressante,

> ... il a été dit que l'Allemagne s'arme secrètement [et] que le plomb éthylique serait sans doute une aide précieuse pour les avions militaires.[75]

---

[74] Voir la lettre du ministère américain de la guerre reproduite à l'annexe D.

[75] Congrès des États-Unis. Sénat. Auditions devant une sous-commission de la commission des affaires militaires. *Mobilisation scientifique et technique*, (78e Congrès, 1ère session, S. 702), partie 16, (Washington : Government Printing

La société Ethyl a ensuite été informée par le Corps d'aviation de l'armée de terre que "vous ou le conseil d'administration de la société Ethyl Gasoline ne deviez en aucun cas divulguer en Allemagne des secrets ou un "savoir-faire" en rapport avec la fabrication du plomb tétraéthyle.[76]

Le 12 janvier 1935, Webb a envoyé au chef du corps d'aviation de l'armée de terre un "exposé des faits", qui était en fait un déni de toute transmission de ces connaissances techniques ; il a proposé d'insérer une telle clause dans le contrat pour se prémunir contre tout transfert de ce type. Toutefois, contrairement à son engagement envers le Corps d'aviation de l'armée, Ethyl a ensuite signé un accord de production conjointe avec I.G. Farben en Allemagne pour former Ethyl G.m.b.H. et avec Montecatini dans l'Italie fasciste dans le même but.

Il convient de noter les directeurs d'Ethyl Gasoline Corporation au moment de ce transfert[77] : E.W. Webb, président et directeur ; C.F. Kettering ; R.P. Russell ; W.C. Teagle, Standard Oil of New Jersey et administrateur de la Georgia Warm Springs Foundation de FDR ; F. A. Howard ; E. M. Clark, Standard Oil of New Jersey ; A. P. Sloan, Jr. ; D. Brown ; J. T. Smith ; et W.S. Parish de Standard Oil of New Jersey.

Les fichiers I.G. Farben saisis à la fin de la guerre confirment l'importance de ce transfert technique particulier pour la Wehrmacht allemande :

> Depuis le début de la guerre, nous avons été en mesure de produire du tétraéthyle de plomb uniquement parce que, peu de temps avant le déclenchement de la guerre, les Américains avaient mis en place pour nous des usines prêtes à produire et nous avaient fourni tout le savoir-faire. De cette manière, nous n'avons pas eu besoin d'effectuer le difficile travail de développement car nous pouvions commencer la production immédiatement sur la base de toute l'expérience que les Américains avaient acquise pendant des années.[78]

En 1938, juste avant le déclenchement de la guerre en Europe, la Luftwaffe allemande avait un besoin urgent de 500 tonnes de plomb tétraéthyle. Un responsable de DuPont a informé l'Allemagne que de

---

Office, 1944), p. 939. Cité ci-après sous le nom de "Mobilisation *scientifique et technique"*.

[76] Ibid.

[77] Annuaire du pétrole et des produits pétroliers, 1938, p. 89.

[78] *New York Times*, 19 octobre 1945, p. 9.

telles quantités d'éthyle seraient utilisées à des fins militaires.[79] Ces 500 tonnes ont été prêtées par l'Ethyl Export Corporation de New York à l'entreprise allemande Ethyl G.m.b.H., dans le cadre d'une transaction organisée par le ministère de l'Air du Reich avec le directeur de I.G. Farben, Mueller-Cunradi. La garantie a été arrangée dans une lettre datée du 21 septembre 1938[80] par l'intermédiaire de Brown Brothers, Harriman & Co. de New York.

LA STANDARD OIL OF NEW JERSEY ET LE CAOUTCHOUC SYNTHÉTIQUE

Le transfert de la technologie de l'éthyle pour la machine de guerre nazie a été répété dans le cas du caoutchouc synthétique. Il ne fait aucun doute que la capacité de la Wehrmacht allemande à combattre la Seconde Guerre mondiale dépendait du caoutchouc synthétique - ainsi que du pétrole synthétique - car l'Allemagne ne dispose pas de caoutchouc naturel, et la guerre aurait été impossible sans la production de caoutchouc synthétique de Farben. Farben avait le quasi-monopole de ce domaine et le programme de production des grandes quantités nécessaires était financé par le Reich :

> *Le volume de la production prévue dans ce domaine dépassait de loin les besoins de l'économie du temps de paix. Les coûts énormes impliqués ne correspondaient qu'à des considérations militaires dans lesquelles la nécessité d'autosuffisance sans tenir compte du coût était décisive.*[81]

Comme pour les transferts de technologie de l'éthyle, la Standard Oil du New Jersey était intimement associée au caoutchouc synthétique de I.G. Farben. Une série d'accords de cartel communs ont été conclus à la fin des années 1920 en vue de former un monopole mondial commun du caoutchouc synthétique. Le plan de quatre ans d'Hitler est entré en vigueur en 1937 et en 1938, Standard a fourni à I.G. Farben son nouveau procédé de caoutchouc butyle. D'autre part, la Standard a gardé secret le processus allemand du buna aux États-Unis et ce n'est qu'en juin 1940 que Firestone et U.S. Rubber ont été autorisés à participer aux essais du butyle et ont accordé les licences de fabrication du buna. Même à cette

---

[79] George W. Stocking & Myron W. Watkins, *Cartels in Action,* (New York : The Twentieth Century Fund, 1946), p. 9.

[80] Pour les documents originaux, voir *NMT*, I.G. Farben case, Volume VIII, pp. 1189-94.

[81] *NMT,* affaire I.G. Farben, volume VIII, p. 1264-5.

époque, la Standard a essayé d'obtenir du gouvernement américain qu'il finance un programme de buna à grande échelle - en réservant ses propres fonds pour le procédé de butyle, plus prometteur.[82]

Par conséquent, l'aide standard dans l'Allemagne nazie ne se limitait pas au pétrole provenant du charbon, bien qu'il s'agisse du transfert le plus important. Non seulement le procédé pour le tétraéthyle fut transféré à I.G. Farben et une usine construite en Allemagne appartenait conjointement à I.G., à General Motors et aux filiales de Standard ; mais encore, en 1939, la filiale allemande de Standard a conçu une usine allemande pour le gaz d'aviation. Le tétraéthyle fut expédié d'urgence pour la Wehrmacht et une aide importante fut apportée à la production de caoutchouc butyle, tout en gardant secret aux États-Unis le procédé Farben pour le buna. En d'autres termes, la Standard Oil du New Jersey (d'abord sous le président W.C. Teagle, puis sous W..S. Farish) a constamment aidé la machine de guerre nazie tout en refusant d'aider les États-Unis.

Cette séquence d'événements n'était pas un accident. Le président W.S. Farish a fait valoir que ne pas avoir accordé une telle assistance technique à la Wehrmacht "... aurait été injustifié".[83] L'assistance était bien informée, s'étendait sur plus d'une décennie et était si importante que sans elle, la Wehrmacht n'aurait pas pu entrer en guerre en 1939.

LA COMPAGNIE PÉTROLIÈRE GERMANO-AMÉRICAINE (DAPAG)

La filiale de Standard Oil en Allemagne, Deutsche-Amerikanische Petroleum A.G. (DAPAG), était détenue à 94% par la Standard Oil du New Jersey. DAPAG possédait des succursales dans toute l'Allemagne, une raffinerie à Brême et un siège social à Hambourg. Par l'intermédiaire de la DAPAG, la Standard Oil du New Jersey était représentée dans les cercles intérieurs du nazisme - le cercle Keppler et le cercle des amis de Himmler. L'un des directeurs de la DAPAG était Karl Lindemann, également président de la Chambre de Commerce Internationale en Allemagne, ainsi que directeur de plusieurs banques, dont la Dresdner Bank, la Deutsche Reichsbank et la banque privée à orientation nazie de C. Melchior & Company, et de nombreuses sociétés, dont la HAPAG

---

[82] Mobilisation scientifique et technique, p. 543.

[83] Robert Engler, *The Politics of Oil*, (New York : The MacMillan Company, 1961), p. 102.

(Hamburg-Amerika Line). Lindemann a été membre du cercle des amis de Keppler jusqu'en 1944 et a ainsi donné à la Standard Oil du New Jersey un représentant au cœur même du nazisme. Un autre membre du conseil d'administration de la DAPAG était Emil Helfrich, qui était un des premiers membres du Cercle Keppler.

En résumé, la Standard Oil du New Jersey avait deux membres du cercle Keppler comme directeurs de sa filiale allemande à 100%. Les versements au Cercle de la part de la filiale de Standard Oil, et de Lindemann et Helffrich en tant que directeurs individuels, se sont poursuivis jusqu'en 1944, l'année précédant la fin de la Seconde Guerre mondiale.[84]

---

[84] Voir le chapitre neuf pour plus de détails.

CHAPITRE V

L'I.T.T. AIDE LES DEUX BELLIGÉRANTS

> *Ainsi, pendant que les avions Focke-Wolfe de l'I.T.T. bombardaient les navires alliés et que les lignes de l'I.T.T. transmettaient des informations aux sous-marins allemands, les radiogoniomètres de l'I.T.T. sauvaient d'autres navires des torpilles.*
>
> (Anthony Sampson, The Sovereign State of I.T.T., New York : Stein & Day, 1973, p. 40).

Le géant multinational International Telephone and Telegraph (I.T.T.)[85] a été fondé en 1920 par Sosthenes Behn, entrepreneur né aux îles Vierges. De son vivant, Behn était l'incarnation même de l'homme d'affaires politisé, gagnant ses bénéfices et construisant l'empire I.T.T. par des manœuvres politiques plutôt que sur le marché concurrentiel. En 1923, grâce à son habileté politique, Behn a acquis le monopole téléphonique espagnol, la Compania Telefonica de España. En 1924, I.T.T., maintenant soutenu par la firme J.P. Morgan, a acheté ce qui est devenu plus tard le groupe International Standard Electric, qui regroupe des usines de fabrication dans le monde entier.

Le conseil d'administration de I.T.T. reflétait les intérêts de J.P. Morgan, avec les associés de Morgan, Arthur M. Anderson et Russell Leffingwell. Le cabinet d'avocats Davis, Polk, Wardwell, Gardiner & Reed était représenté par les deux associés juniors, Gardiner & Reed.

---

[85] Pour une excellente revue des activités mondiales de l'I.T.T., voir Anthony Sampson, *The Sovereign State of I.T.T.*, (New York : Stein & Day, 1973).

DIRECTEURS DE L'I.T.T. EN 1933 :

Directeurs	Affiliation avec d'autres entreprises de Wall Street
Arthur M. ANDERSON	Associé, J.P. MORGAN et New York Trust Company
Hernand BEHN	Banque d'Amérique
Sosthène BEHN	BANQUE NATIONALE DE LA VILLE
F. Wilder BELLAMY	Partenaire de Dominick & Dominicik
John W. CUTLER	GRACE NATIONAL BANK, Lee Higginson
George H. GARDINER	Associé de Davis, Polk, Wardwell, Gardiner & Reed
Allen G. HOYT	BANQUE NATIONALE DE LA VILLE
Russell C. LEFFINGWELL	J.P. MORGAN, associé, et CARNEGIE CORP.
Bradley W. PALMER	Président du Comité exécutif, FRUIT UNI
Lansing P. REED	Associé de Davis, Polk Wardwell, Gardiner & Reed

La National City Bank (NCB) du groupe Morgan était représentée par deux directeurs, Sosthenes Behn et Allen G. Hoyt. En bref, I.T.T. était une société contrôlée par Morgan ; et nous avons déjà noté l'intérêt des sociétés contrôlées par Morgan pour la guerre et la révolution à l'étranger et les manœuvres politiques aux États-Unis.[86]

En 1930, Behn a acquis la société holding allemande Standard Elekrizitäts A.G., contrôlée par I.T.T. (62% des actions avec droit de vote), A.E.G. (81,1% des actions avec droit de vote) et Felton & Guilleaume (6% des actions avec droit de vote). Dans cette opération, Standard a acquis deux usines de fabrication allemandes et une participation majoritaire dans Telefonfabrik Berliner A.G.I.T.T. a également fourni les filiales de Standard en Allemagne, Ferdinand Schuchardt Berliner Fernsprech-und Telegraphenwerk A,G., ainsi que Mix & Genest à Berlin, et Suddeutsche Apparate Fabrik G,m.b.H. à Nuremberg.

Il est intéressant de noter au passage que si l'I.T.T. de Sosthenes Behn contrôlait les compagnies de téléphone et les usines de fabrication en Allemagne, le trafic de câbles entre les États-Unis et l'Allemagne était

---

[86] Voir également Sutton, *Wall Street et la révolution bolchévique*, op. cit.

sous le contrôle de la Deutsch-Atlantische Telegraphengesellschaft (la compagnie allemande Atlantic Cable). Cette société, ainsi que la Commercial Cable Company et la Western Union Telegraph Company, avaient le monopole des communications transatlantiques par câble entre les États-Unis et l'Allemagne. W.A. Harriman & Company a racheté un bloc de 625 000 actions de Deutsch-Atlantische en 1925, et le conseil d'administration de la société comprenait un éventail inhabituel de personnages, dont beaucoup ont été rencontrés ailleurs. Il comprenait, par exemple, H. F. Albert, l'agent d'espionnage allemand aux États-Unis pendant la Première Guerre mondiale, Von Berenberg-Gossler, l'ancien associé de Franklin D. Roosevelt, et le Dr Cuno, un ancien chancelier allemand de l'ère inflationniste de 1923. L'I.T.T. aux États-Unis était représenté au conseil d'administration par von Guilleaume et Max Warburg de la famille bancaire Warburg.

LE BARON KURT VON SCHRODER ET L'I.T.T.

Il n'existe aucune trace de paiements directs effectués par I.T.T. à Hitler avant la prise du pouvoir par les nazis en 1933. En revanche, de nombreux paiements ont été effectués à Heinrich Himmler à la fin des années 1930 et pendant la Seconde Guerre mondiale elle-même par l'intermédiaire de filiales allemandes d'I.T.T. La première rencontre entre Hitler et les responsables de l'I.T.T. - pour autant que nous sachions - a été rapportée en août 1933[87], lorsque Sosthenes Behn et le représentant allemand de l'I.T.T., Henry Manne, ont rencontré Hitler à Berchtesgaden. Par la suite, Behn prit contact avec le cercle Keppler (voir chapitre neuf) et, sous l'influence de Keppler, le baron nazi Kurt von Schröder devint le gardien des intérêts de l'I.T.T. en Allemagne. Schröder a servi de canal pour l'argent de l'I.T.T. acheminé à l'organisation S.S. de Heinrich Himmler en 1944, alors que la Seconde Guerre mondiale était en cours et que les États-Unis étaient en guerre contre l'Allemagne.[88]

Par l'intermédiaire de Kurt Schröder, Behn et son I.T.T. ont eu accès à l'industrie allemande de l'armement, très rentable, et ont pris des participations importantes dans des entreprises d'armement allemandes, notamment dans les avions Focke-Wolfe. Ces opérations d'armement ont généré des profits considérables, qui auraient pu être rapatriés dans la société mère américaine. Mais ils ont été réinvestis dans le réarmement

---

[87] *New York Times*, 4 août 1933.

[88] Voir également le chapitre neuf pour les preuves documentaires de ces paiements I.T.T. au S.S.

allemand. Ces réinvestissements des profits dans les entreprises d'armement allemandes sous prétexte que Wall Street était innocent des méfaits du réarmement allemand - et qu'il ne connaissait même pas les intentions d'Hitler - sont frauduleux. Plus précisément, l'achat par I.T.T. d'une participation substantielle dans Focke-Wolfe signifiait, comme l'a souligné Anthony Sampson, qu'I.T.T. produisait des avions allemands utilisés pour tuer les Américains et leurs alliés - et l'entreprise a réalisé d'excellents bénéfices.

Avec Kurt von Schröder, I.T.T. a eu accès au cœur même de l'élite du pouvoir nazi. Qui était Schröder ? Le baron Kurt von Schröder est né à Hambourg en 1889 dans une vieille famille de banquiers allemands bien établie. Un ancien membre de la famille Schröder s'est installé à Londres, a changé son nom en Schroder (sans la diérèse) et a organisé la société bancaire de J. Henry Schroder à Londres et la J. Henry Schroder Banking Corporation à New York. Kurt von Schröder devient également partenaire de la banque privée de Cologne, J. H. Stein & Company, fondée à la fin du XVIIIe siècle. Schröder et Stein avaient tous deux été les promoteurs, en compagnie de financiers français, du mouvement séparatiste allemand de 1919 qui tentait de séparer la riche Rhénanie de l'Allemagne et de ses troubles. Au cours de cette escapade, des industriels rhénans de premier plan se réunirent chez J. H. Stein le 7 janvier 1919 et, quelques mois plus tard, organisèrent une réunion, sous la présidence de Stein, pour développer le soutien du public au mouvement séparatiste. L'action de 1919 échoua. Le groupe essaya de nouveau en 1923 et fut le fer de lance d'un autre mouvement visant à séparer la Rhénanie de l'Allemagne pour la placer sous la protection de la France. Cette tentative a également échoué. Kurt von Schröder se lia alors à Hitler et aux premiers nazis, et comme dans les mouvements séparatistes rhénans de 1919 et 1923, Schröder représentait et travaillait pour les industriels et les fabricants d'armement allemands.

En échange d'un soutien financier et industriel organisé par von Schröder, il a ensuite acquis un prestige politique. Immédiatement après l'arrivée au pouvoir des nazis en 1933, Schröder est devenu le représentant allemand à la Banque des Règlements Internationaux, que Quigley appelle le sommet du système de contrôle international, ainsi que le chef du groupe de banquiers privés conseillant la Reichsbank allemande. Heinrich Himmler nomme Schroder chef de groupe senior S.S., et à son tour Himmler devient un membre éminent du Keppler's Circle. (Voir le chapitre neuf).

En 1938, la banque Schroder à Londres devient l'agent financier allemand en Grande-Bretagne, représenté aux réunions financières par son directeur général (et un directeur de la Banque d'Angleterre), F.C.

Tiarks. Dès la Seconde Guerre mondiale, le baron Schröder avait ainsi acquis une liste impressionnante de relations politiques et bancaires reflétant une large influence ; il a même été rapporté au Comité Kilgore américain que Schroder était suffisamment influent en 1940 pour amener Pierre Laval au pouvoir en France. Selon la liste établie par le Comité Kilgore, les acquisitions politiques de Schroder au début des années 1940 se présentent comme suit :

Chef de groupe senior SS.	Groupe commercial pour le commerce de gros et le commerce extérieur - Responsable.
Croix de fer de première et de deuxième classe.	Akademie fur Deutsches Recht (Académie de droit allemand) - Membre
Consul général de Suède.	Ville de Cologne - Conseiller.
Chambre de commerce internationale - Membre du comité administratif.	Université de Cologne - Membre du conseil d'administration.
Conseil de la Poste du Reich - Membre du conseil consultatif.	Fondation Kaiser Wilhelm - Sénateur.
Assemblée de l'industrie et du commerce allemands - Membre présidant.	Conseil consultatif des Germano-Albanais.
Membre du Conseil des affaires économiques du Reich.	Bureau de compensation des marchandises - Membre.
Deutsche Reichsbahn - Président du conseil d'administration.	Commission de travail du groupe du Reich pour l'industrie et le commerce - Vice-président[89]

Les relations bancaires de Schröder étaient tout aussi impressionnantes et ses relations d'affaires (non mentionnées ici) prenaient deux pages :

Banque des Règlements Internationaux - Membre de la direction.	Deutsche Verkehrs-Kredit-Bank, A.G., Berlin (contrôlée par la Deutsche Reichsbank) - Président du conseil d'administration.
J.H. Stein & Co, Cologne - Associé (la Banque Worms était cortespondante française).	Deutsche Ueberseeische Bank (contrôlée par la Deutsche Bank, Berlin) - Directeur[90]

---

[89] Élimination des ressources allemandes, p. 871.

[90] Ibid.

Deutsche Reichsbank, Berlin. Conseiller du conseil d'administration.	Wirtschaftsgruppe Private Bankegewerbe - Leader.

C'est Schroder qui, après 1933, a représenté Sosthenes Behn de l'I.T.T. et les intérêts de l'I.T.T. dans l'Allemagne nazie. C'est précisément parce que Schroder avait ces excellentes relations politiques avec Hitler et l'État nazi que Behn le nomma aux conseils d'administration de toutes les sociétés allemandes d'I.T.T : Standard Electrizitatswerke A.G. à Berlin, C. Lorenz A.G. de Berlin et Mix & Genest A.G. (dans laquelle la Standard détenait une participation de 94%).

Au milieu des années 1930, une autre liaison a été établie entre Wall Street et Schroder, cette fois-ci par les Rockefeller. En 1936, les activités de prise ferme et les activités générales liées aux valeurs mobilières de la J. Henry Schroder Banking Corporation à New York ont été fusionnées dans une nouvelle société de banque d'investissement - Schroder, Rockefeller & Company, Inc. au 48 Wall Street. Carlton P. Fuller de Schroder Banking Corporation devient président et Avery Rockefeller, fils de Percy Rockefeller (frère de John D. Rockefeller) devient vice-président et directeur de la nouvelle société. Auparavant, Avery Rockefeller avait été associé en coulisses à la J. Henry Schroder Banking Corporation ; la nouvelle société l'a fait sortir du placard.[91]

WESTRICK, TEXACO, ET I.T.T.

I.T.T. avait encore une autre voie d'accès à l'Allemagne nazie, par l'intermédiaire de l'avocat allemand Gerhard Westrick. Westrick faisait partie d'un groupe restreint d'Allemands qui avaient fait de l'espionnage aux États-Unis pendant la Première Guerre mondiale. Ce groupe comprenait non seulement Kurt von Schröder et Westrick, mais aussi Franz von Papen - que nous rencontrerons en compagnie de James Paul Warburg de la Banque de Manhattan au chapitre dix - et le Dr Heinrich Albert. Albert, prétendument attaché commercial allemand aux États-Unis pendant la Première Guerre mondiale, était en fait chargé de financer le programme d'espionnage de von Papen. Après la Première Guerre mondiale, Westrick et Albert ont formé le cabinet d'avocats Albert & Westrick qui s'est spécialisé dans les prêts de réparation de Wall Street et en a largement profité. Le cabinet Albert & Westrick s'est occupé de la partie allemande des prêts de la banque J. Henry Schroder,

---

[91] *New York Times*, 20 juillet 1936.

tandis que le cabinet de John Foster Dulles de Sullivan and Cromwell à New York s'est occupé de la partie américaine des prêts Schroder.

Juste avant la Seconde Guerre mondiale, l'opération d'espionnage Albert-Papen-Westrick aux États-Unis a commencé à se répéter, mais cette fois-ci, les autorités américaines étaient plus vigilantes. Westrick est venu aux États-Unis en 1940, soi-disant comme attaché commercial mais en fait comme représentant personnel de Ribbentrop. Le flot de visiteurs à l'influent Westrick en provenance d'éminents directeurs de sociétés pétrolières et industrielles américaines, a attiré l'attention du FBI sur Westrick.

À cette époque, Westrick est devenu directeur de toutes les opérations de I.T.T. en Allemagne, afin de protéger les intérêts de I.T.T. pendant l'implication prévue des États-Unis dans la guerre européenne.[92] Parmi ses autres entreprises, Westrick a tenté de persuader Henry Ford de couper l'approvisionnement de la Grande-Bretagne, et le traitement de faveur accordé par les nazis aux intérêts de Ford en France suggère que Westrick a partiellement réussi à neutraliser l'aide américaine à la Grande-Bretagne.

Bien que la plus importante relation d'affaires de Westrick aux États-Unis pendant la guerre ait été avec International Telephone and Telegraph, il a également représenté d'autres entreprises américaines, notamment Underwood Elliott Fisher, propriétaire de la société allemande Mercedes Buromaschinen A.G., Eastman Kodak, qui avait une filiale Kodak en Allemagne, et l'International Milk Corporation, avec une filiale à Hambourg. Parmi les contrats de Westrick (et celui qui a reçu le plus de publicité), il y avait un contrat pour que Texaco fournisse du pétrole à la marine allemande, qu'il a arrangé avec Torkild Rieber, président du conseil d'administration de la société Texaco.

En 1940, Rieber a discuté d'un accord pétrolier avec Hermann Goering, et Westrick aux États-Unis a travaillé pour la Texas Oil Company. Sa voiture a été achetée avec des fonds de Texaco, et la demande de permis de conduire de Westrick a donné Texaco comme adresse professionnelle. Ces activités ont été rendues publiques le 12 août 1940. Rieber a ensuite démissionné de Texaco et Westrick est retourné en Allemagne. Deux ans plus tard, Rieber est président de South Carolina Shipbuilding and Dry Docks, supervisant la construction de navires de la marine américaine pour plus de 10 millions de dollars, et administrateur

---

[92] Anthony Sampson rapporte une réunion entre le vice-président de l'I.T.T., Kenneth Stockton, et Westrick, au cours de laquelle la préservation des propriétés de l'I.T.T. a été planifiée. Voir Anthony Sampson, op. cit. p. 39.

de la Barber Asphalt Corporation et de la Seaboard Oil Company de l'Ohio, appartenant à la famille Guggenheim.[93]

I.T.T. EN ALLEMAGNE PENDANT LA GUERRE

En 1939, I.T.T. aux États-Unis contrôlait Standard Elektrizitats en Allemagne, et à son tour Standard Elektrizitats contrôlait 94% de Mix & Genest. Au conseil d'administration de Standard Elektrizitats se trouvaient le baron Kurt von Schröder, un banquier nazi au cœur du nazisme, et Emil Heinrich Meyer, beau-frère du secrétaire d'État Keppler (fondateur du cercle Keppler) et directeur de la General Electric allemande. Schröder et Meyer étaient également directeurs de Mix & Genest et de l'autre filiale I.T.T., la C. Lorenz Company ; ces deux filiales I.T.T. étaient des contributeurs monétaires au Cercle des amis de Himmler - c'est-à-dire à la caisse noire des S.S. nazis. Jusqu'en 1944, Mix & Genest a versé 5000 RM à Himmler et 20 000 RM à Lorenz. En bref, pendant la Seconde Guerre mondiale, International Telephone and Telegraph effectuait des paiements en espèces au leader S.S. Heinrich Himmler. Ces paiements ont permis à I.T.T. de protéger son investissement dans Focke-Wolfe, une entreprise de construction aéronautique produisant des avions de chasse utilisés contre les États-Unis.

L'interrogatoire de Kurt von Schröder le 19 novembre 1945 met en évidence le caractère délibéré de la relation étroite et profitable entre le colonel Sosthenes Behn de l'I.T.T., Westrick, Schröder, et la machine de guerre nazie pendant la Seconde Guerre mondiale, et que cette relation était délibérée et bien informée :

> Q. Vous nous avez indiqué, lors de votre précédent témoignage, un certain nombre d'entreprises en Allemagne dans lesquelles la Société internationale de téléphone et de télégraphe ou la Standard Electric Company avaient une participation. L'International Telephone and Telegraph Company ou la Standard Electric Company détenaient-elles une participation dans d'autres sociétés en Allemagne ?

---

[93] Les informations selon lesquelles Rieber aurait reçu 20 000 dollars des nazis sont sans fondement. Ces rapports ont fait l'objet d'une enquête du F.B.I. sans qu'aucune preuve ne soit apportée. Voir Sénat des États-Unis, sous-commission chargée d'enquêter sur l'administration du . Internal Security Act, Committee on the Judiciary, *Journal de Morgenthau (Allemagne)*, Volume I, 90ème Congrès, 1ère session, 20 novembre 1967, (Washington : U.S. Government Printing Office, 1967), pp. 316-8. Sur Rieber, voir également l'*annexe du procès-verbal du Congrès*, 20 août 1942, p, A 1501-2, remarques de l'honorable John M. Coffee.

A. Oui. La compagnie Lorenz, peu avant la guerre, a pris une participation d'environ 25 pour cent dans la société Focke-Wolfe A.G. à Brême. Focke-Wolfe fabriquait des avions pour le ministère de l'air allemand. Je pense que plus tard, lorsque Focke-Wolfe s'est développée et a pris plus de capital, la participation de la société Lorenz est tombée un peu en dessous de ces 25%.

Q. Cette participation de la société Lorenz dans Focke-Wolfe a donc commencé après que la société Lorenz ait été détenue et contrôlée à près de 100% par le colonel Behn par l'intermédiaire de la Société internationale de téléphone et de télégraphe ?

A. Oui.

Q. Le colonel Behen *[sic]* a-t-il approuvé cet investissement de la société Lorenz à Focke-Wolfe ?

A. Je suis convaincu que le colonel Behn a approuvé la transaction avant que ses représentants, qui étaient en contact étroit avec lui, ne l'approuvent officiellement.

Q. En quelle année la société Lorenz a-t-elle effectué l'investissement qui lui a permis d'obtenir cette participation de 25% dans Foeke-Wolfe ?

A. Je me souviens que c'était peu de temps avant le déclenchement de la guerre, c'est-à-dire peu de temps avant l'invasion de la Pologne. [Ed : 1939]

Q Westrick saurait-il tout sur les détails des participations de la société Lorenz à Foeke-Wolfe, A.G. de Brême ?

A. Oui. Mieux que moi.

Q. Quel a été le montant de l'investissement de la société Lorenz dans l'AG Focke-Wolfe, de Brême, qui lui a donné une participation initiale de 25% ?

A. 250.000.000 RM initialement, et ce montant a été considérablement augmenté, mais je ne me souviens pas de l'ampleur des investissements supplémentaires que la société Lorenz a faits à ce Focke-Wolfe A.G. de Brême.

Q. De 1933 jusqu'au déclenchement de la guerre européenne, le colonel Behn était-il en mesure de transférer les bénéfices des investissements de ses sociétés en Allemagne à ses sociétés aux États-Unis ?

A. Oui. Bien qu'il aurait fallu que ses sociétés prennent un peu moins que la totalité des dividendes en raison de la difficulté à obtenir des devises étrangères, la majeure partie des bénéfices aurait pu être transférée à la société du colonel Behn aux États-Unis. Cependant, le colonel Behn n'a pas choisi de le faire et à aucun moment il ne m'a demandé si je pouvais accomplir cela pour lui. Au lieu de cela, il semblait parfaitement satisfait de voir tous les bénéfices des sociétés en Allemagne, que lui et ses intérêts contrôlaient, réinvestir ces bénéfices dans de nouveaux bâtiments et machines et dans toute autre entreprise de production d'armements. Une autre de ces entreprises, Huth and Company, G.m.b.H., de Berlin, fabriquait des pièces de radio et de radar, dont beaucoup étaient utilisées dans les équipements destinés aux forces armées allemandes. La compagnie Lorenz, si je me souviens bien, avait une participation de 50% dans Huth and Company. La société Lorenz avait également une petite filiale qui faisait office d'agence commerciale pour la société Lorenz auprès des particuliers.

Q. Vous avez été membre du conseil d'administration de la société Lorenz, d'environ 1935 jusqu'à aujourd'hui. Pendant cette période, la société Lorenz et certaines autres sociétés, telles que Foeke-Wolfe, avec laquelle elle détenait des participations importantes, étaient engagées dans la fabrication d'équipements pour l'armement et la production de guerre. Saviez-vous ou avez-vous entendu parler d'une quelconque protestation du colonel Behn ou de ses représentants contre ces entreprises engagées dans ces activités préparant l'Allemagne à la guerre ?

A. Non.

Q. Êtes-vous certain qu'en aucune autre occasion Westrick, Mann [sic], le colonel Behn ou toute autre personne liée aux intérêts de la Compagnie internationale de téléphone et de télégraphie en Allemagne ne vous a demandé d'intervenir au nom de la compagnie auprès des autorités allemandes.

A. Oui. Je ne me souviens d'aucune demande d'intervention dans une affaire importante pour la société Lorenz ou pour tout autre intérêt international en matière de téléphone et de télégraphe en Allemagne.

J'ai lu le procès-verbal de cet interrogatoire et je jure que les réponses que j'ai données à la question de MM. Adams et Pajus sont exactes en toute connaissance de cause. s/Kurt von Schröder

C'est cette histoire de coopération entre l'I.T.T. et les nazis pendant la Seconde Guerre mondiale et d'association de l'I.T.T. avec le nazi Kurt von Schröder que l'I.T.T. a voulu dissimuler - et a presque réussi à dissimuler. James Stewart Martin raconte que lors des réunions de planification de la division des finances de la Commission de contrôle, il a été chargé de travailler avec le capitaine Norbert A. Bogdan, qui, sans son uniforme, était vice-président de la J. Henry Schroder Banking Corporation de New York. Martin raconte que "le capitaine Bogdan s'était vigoureusement opposé à l'enquête sur la banque Stein au motif qu'il s'agissait de "broutilles".[94] Peu après avoir bloqué cette manœuvre,

---

[94] James Stewart Martin, op. cit. p. 52.

deux membres permanents du personnel de Bogdan ont demandé l'autorisation d'enquêter sur la banque Stein - bien que Cologne ne soit pas encore tombée aux mains des forces américaines. Martin se souvient que "la division des renseignements a bloqué celle-là", mais certaines informations sur l'opération de la banque Stein-Schröder-I.T.T. ont circulé.

CHAPITRE VI

HENRY FORD ET LES NAZIS

> *Je voudrais souligner l'importance que les hauts fonctionnaires [nazis] attachent au respect du désir et au maintien de la bonne volonté de "Ford", et par "Ford", j'entends votre père, vous-même et la Ford Motor Company, Dearborn.*
>
> (Josiah E. Dubois, Jr, *Generals in Grey Suits*, Londres : The Bodley Head, 1953, p. 250).

Henry Ford est souvent considérée comme une énigme au sein de l'élite de Wall Street. Pendant de nombreuses années, dans les années 20 et 30, Ford était connu comme un ennemi de l'establishment financier. Ford a accusé Morgan et d'autres d'utiliser la guerre et la révolution comme réaliser des profits colossaux et d'user de leur influence dans les milieux sociaux-politiques comme un moyen d'enrichissement personnel. En 1938, Henry Ford, dans ses déclarations publiques, avait divisé les financiers en deux classes : ceux qui profitaient de la guerre et utilisaient leur influence pour provoquer la guerre en vue d'en tirer de grands profits, et les financiers "constructifs". Dans ce dernier groupe, il incluait désormais la Maison de Morgan. Lors d'une interview[95] accordée au *New York Times* en 1938, Ford s'est prononcé en ce sens :

> *Quelqu'un a dit un jour que soixante familles dirigent les destinées de la nation. On pourrait bien dire que si quelqu'un concentrait les projecteurs sur vingt-cinq personnes qui gèrent les finances de la nation, les véritables faiseurs de guerre du monde seraient mis en relief de façon audacieuse.*

Le journaliste du *Times* a demandé à Ford comment il comparait cette évaluation à sa critique de longue date de la maison Morgan, ce à quoi Ford a répondu :

---

[95] 4 juin 1938, 2:2.

Wall Street et l'ascension d'Hitler

> *Il y a un Wall Street constructif et un Wall Street destructeur. La Maison Morgan représente le côté constructif. Je connais M. Morgan depuis de nombreuses années. Il a soutenu et appuyé Thomas Edison, qui était aussi mon bon ami...*

Après avoir exposé les maux de la production agricole limitée - prétendument provoquée par Wall Street - Ford a continué,

> *... si ces financiers avaient fait ce qu'ils voulaient, nous serions en guerre maintenant. Ils veulent la guerre parce qu'ils font de l'argent à partir d'un tel conflit - à partir de la misère humaine que les guerres apportent.*

D'un autre côté, lorsque nous enquêtons sur ces déclarations publiques, nous constatons que Henry Ford et son fils Edsel Ford ont été à l'avant-garde des hommes d'affaires américains qui tentèrent d'être présents des deux côtés de chaque barrière idéologique à la recherche du profit. Selon les propres critères de Ford, les Ford font partie des éléments "destructeurs".

C'est Henry Ford qui, dans les années 30, a construit la première usine automobile moderne de l'Union soviétique (située à Gorki) et qui, dans les années 50 et 60, a produit les camions utilisés par les Nord-Vietnamiens pour transporter des armes et des munitions destinées à être utilisées contre les Américains.[96] À peu près à la même époque, Henry Ford était également le plus célèbre des bailleurs de fonds étrangers d'Hitler, et il a été récompensé dans les années 1930 pour ce soutien durable par la plus haute décoration nazie pour les étrangers.

Cette faveur nazie a suscité une tempête de controverses aux États-Unis et a finalement dégénéré en un échange de notes diplomatiques entre le gouvernement allemand et le Département d'État. Alors que Ford protestait publiquement qu'il n'aimait pas les gouvernements totalitaires, nous constatons en pratique que Ford a sciemment profité des deux côtés de la Seconde Guerre mondiale - des usines françaises et allemandes produisant des véhicules pour la Wehrmacht, et des usines américaines construisant des véhicules pour l'armée américaine, pour le plus grand profit du groupe Ford.

Les protestations d'innocence de Henry Ford suggèrent, comme nous le verrons dans ce chapitre, qu'il n'approuvait pas le fait que des financiers juifs profitent de la guerre (comme certains l'ont fait), mais si

---

[96] Une liste de ces véhicules Gorki et de leurs numéros de modèle se trouve dans Antony G. Sutton, *National Suicide: Military Aid to the Soviet Union*, (New York : Arlington House Publishers, 1973), tableau 7-2, p. 125.

l'antisémite Morgan[97] et Ford lui-même, profitaient de la guerre, c'était acceptable, moral et "constructif".

HENRY FORD : LE PREMIER BAILLEUR DE FONDS ÉTRANGER D'HITLER

Le 20 décembre 1922, le *New York Times* rapporte[98] que le constructeur automobile Henry Ford finance les mouvements nationalistes et antisémites d'Adolf Hitler à Munich.

Simultanément, le journal berlinois *Berliner Tageblatt* a demandé à l'ambassadeur américain à Berlin d'enquêter sur l'intervention d'Henry Ford dans les affaires intérieures allemandes et de la stopper. Il a été rapporté que les bailleurs de fonds étrangers d'Hitler avaient fourni un "quartier général spacieux" avec une "foule de lieutenants et de fonctionnaires très bien payés". Le portrait d'Henry Ford était bien en vue sur les murs du bureau personnel d'Hitler :

> *Le mur derrière son bureau dans le bureau privé d'Hitler est décoré d'une grande photo d'Henry Ford. Dans l'antichambre, il y a une grande table couverte de livres, dont la quasi-totalité est une traduction d'un livre écrit et publié par Henry Ford.*[99]

Le même rapport du *New York Times* commentait que le dimanche précédent, Hitler avait fait une revue,

> *Le Storming Battalion..., 1000 jeunes hommes en uniformes flambant neufs et armés de revolvers et de matraques, tandis qu'Hitler et ses hommes de main se déplacent dans deux puissantes voitures flambant neuves.*

Le *Times* fait une distinction claire entre les partis monarchistes allemands et le parti fasciste antisémite d'Hitler. Henry Ford, a-t-on noté, a ignoré les monarchistes Hohenzollern et a investi son argent dans le mouvement révolutionnaire hitlérien.

Ces fonds Ford ont été utilisés par Hitler pour fomenter la rébellion bavaroise. La rébellion échoua et Hitler fut capturé puis traduit en justice. En février 1923, lors du procès, Auer le vice-président du parlement bavarois témoigna :

---

[97] La Maison Morgan était connue pour ses opinions antisémites.

[98] Page 2, colonne 8.

[99] Ibid.

> *Le parlement bavarois sait depuis longtemps que le mouvement Hitler a été en partie financé par un chef antisémite américain, qui est Henry Ford. L'intérêt de M. Ford pour le mouvement antisémite bavarois a commencé il y a un an, lorsqu'un de ses agents, cherchant à vendre des tracteurs, est entré en contact avec Diedrich Eckhart, le célèbre panallemand. Peu de temps après, M. Eckhart a demandé à l'agent de M. Ford une aide financière. L'agent est retourné en Amérique et aussitôt l'argent de M. Ford a commencé à arriver à Munich.*
>
> *M. Hitler se vante ouvertement du soutien de M. Ford et fait l'éloge de M. Ford en tant que grand individualiste et grand antisémite. Une photographie de M. Ford est accrochée dans les bureaux de M. Hitler, qui est le centre du mouvement monarchiste.*[100]

Hitler a reçu une peine de prison douce et confortable pour ses activités révolutionnaires bavaroises. Le reste de ses activités lui a permis d'écrire *Mein Kampf*. Le livre de Henry Ford, *The International Jew*, diffusé auparavant par les nazis, fut traduit par eux dans une douzaine de langues, et Hitler utilisa des sections du livre mot pour mot dans l'écriture de *Mein Kampf*.[101]

Nous verrons plus tard que le soutien d'Hitler à la fin des années 20 et au début des années 30 est venu des cartels de l'industrie chimique, sidérurgique et électrique, plutôt que directement d'industriels individuels. En 1928, Henry Ford a fusionné ses actifs allemands avec ceux du cartel chimique I.G. Farben. Une participation importante, 40% de Ford Motor A.G. d'Allemagne, a été transférée à I.G. Farben ; Carl Bosch de I.G. Farben est devenu le chef de Ford A.G. Motor en Allemagne.

Simultanément, aux États-Unis, Edsel Ford rejoint le conseil d'administration de l'Américain I.G. Farben. (Voir chapitre deux).

HENRY FORD REÇOIT UNE DÉCORATION NAZIE

Une décennie plus tard, en août 1938 - après que Hitler eut atteint le pouvoir avec l'aide des cartels - Henry Ford reçut la Grand-Croix de

---

[100] Jonathan Leonard, *The Tragedy of Henry Ford*, (New York : G.P. Putnam's Sons, 1932), p. 208. Voir également le fichier décimal du Département d'État américain, Microcopie des Archives nationales M 336, rouleau 80, document 862.00S/6, "Money sources of Hitler", un rapport de l'ambassade américaine à Berlin.

[101] Voir à ce sujet Keith Sward, *The Legend of Henry Ford*, (New York : Rinehart & Co, 1948), p. 139.

l'Aigle allemand, une distinction nazie conçue pour les étrangers illustres. Le *New York Times* a rapporté que c'était la première fois que la Grand-Croix était décernée aux États-Unis et qu'elle devait célébrer le 75ᵉ anniversaire d'Henry Ford.[102]

La décoration a soulevé une tempête de critiques dans les cercles sionistes aux États-Unis. Ford a reculé au point de rencontrer publiquement le rabbin Leo Franklin de Detroit pour exprimer sa sympathie pour le sort des Juifs allemands :

> *Mon acceptation d'une médaille du peuple allemand [dit Ford] n'implique pas, comme certains semblent le penser, une quelconque sympathie de ma part pour le nazisme. Ceux qui me connaissent depuis de nombreuses années se rendent compte que tout ce qui engendre la haine me répugne.*[103]

La question de la médaille nazie a été reprise dans un discours prononcé à Cleveland par le secrétaire de l'intérieur Harold Ickes. Ickes a critiqué Henry Ford et le colonel Charles A. Lindbergh pour avoir accepté les médailles nazies. La partie curieuse du discours d'Ickes, prononcé lors d'un banquet de la Cleveland Zionist Society, était sa critique des "juifs riches" et de leur acquisition et utilisation des richesses :

> *Une erreur commise par un millionnaire non juif se répercute sur lui seul, mais un faux pas fait par un homme juif riche se répercute sur toute sa race. C'est dur et injuste, mais c'est un fait auquel il faut faire face.*[104]

Peut-être Ickes se référait-il tangentiellement aux rôles des Warburg dans le cartel I.G. Farben : Les Warburg faisaient partie du conseil d'administration d'I.G. Farben aux États-Unis et en Allemagne. En 1938, les Warburg ont été chassés d'Allemagne par les nazis. D'autres juifs allemands, comme les banquiers Oppenheim, ont fait la paix avec les nazis et ont reçu le "statut honorifique d'Aryen".

---

[102] *New York Times*, 1ᵉʳ août 1938.

[103] Ibid, 1ᵉʳ décembre 1938, 12:2.

[104] Ibid, 19 décembre 1938, 5:3.

LA FORD MOTOR COMPANY PARTICIPE À L'EFFORT DE GUERRE ALLEMAND

Une sous-commission du Congrès d'après-guerre qui enquêtait sur le soutien américain à l'effort militaire nazi a décrit la manière dont les nazis ont réussi à obtenir l'aide technique et financière des États-Unis qui était "assez fantastique".[105] Entre autres preuves, la commission a pu voir un mémorandum préparé dans les bureaux de Ford-Werke A.G. le 25 novembre 1941, écrit par le Dr H. F. Albert à R. H. Schmidt, alors président du conseil d'administration de Ford-Werke A.G. Le mémorandum citait les avantages d'avoir une majorité de la firme allemande détenue par la Ford Motor Company à Detroit. La Ford allemande avait pu échanger des pièces Ford contre du caoutchouc et du matériel de guerre essentiel nécessaire en 1938 et 1939 "et ils n'auraient pas pu le faire si Ford n'avait pas été détenue par les États-Unis". De plus, avec un intérêt américain majoritaire, German Ford "serait plus facilement en mesure d'intervenir et de dominer les avoirs de Ford dans toute l'Europe". Il a même été rapporté au Comité que deux hauts responsables allemands de Ford s'étaient disputés personnellement pour savoir qui allait contrôler Ford d'Angleterre, à tel point que "l'un d'eux s'est finalement levé et a quitté la pièce avec dégoût".

Selon les preuves présentées au Comité, Ford-Werke A.G. a été techniquement transformée à la fin des années 1930 en une société allemande. Tous les véhicules et leurs pièces ont été produits en Allemagne, par des ouvriers allemands utilisant des matériaux allemands sous direction allemande et exportés vers les territoires européens et d'outre-mer des États-Unis et de la Grande-Bretagne.

Les matières premières étrangères nécessaires, caoutchouc et métaux non ferreux, étaient obtenues par l'intermédiaire de la société américaine Ford. L'influence américaine avait été plus ou moins convertie en une position de soutien *(Hilfsstellung)* pour les usines allemandes de Ford.

Au début de la guerre, la Ford-Werke se met à la disposition de la Wehrmacht pour la production d'armement. Les nazis pensaient que tant que la Ford-Werke A.G. serait majoritairement américaine, il serait possible de mettre les autres sociétés européennes de Ford sous influence allemande - c'est-à-dire celle de la Ford-Werke A.G. - et d'exécuter ainsi la politique nazie de la "Grande Europe" dans les usines Ford d'Amsterdam, d'Anvers, de Paris, de Budapest, de Bucarest et de Copenhague :

> *Une majorité, même si elle n'est que faible, d'Américains est indispensable pour la transmission des derniers modèles américains, ainsi que des méthodes de production et de vente américaines. Avec l'abolition de la majorité américaine, cet avantage, ainsi que l'intervention de la Ford Motor Company pour obtenir des matières*

---

[105] Élimination des ressources allemandes, p. 656.

premières et des exportations, serait perdu, et l'usine allemande ne vaudrait pratiquement plus que sa capacité en machines.[106]

Et, bien sûr, ce genre de stricte neutralité, qui adopte un point de vue international plutôt que national, avait auparavant porté ses fruits pour la Ford Motor Company en Union soviétique, où Ford était considérée comme le nec plus ultra de l'efficacité technique et économique à atteindre par les Stakhanovistes.

En juillet 1942, la société française Ford a fait parvenir à Washington des informations sur les activités de Ford dans le cadre de l'effort de guerre allemand en Europe. Les informations incriminantes ont été rapidement enterrées et même aujourd'hui, seule une partie de la documentation connue peut être retracée à Washington.

Nous savons cependant que le consul général des États-Unis en Algérie était en possession d'une lettre de Maurice Dollfuss de la société française Ford - qui prétendait être le premier Français à se rendre à Berlin après la chute de la France - à Edsel Ford concernant un plan selon lequel Ford Motor pourrait contribuer à l'effort de guerre nazi. La Ford française était capable de produire 20 camions par jour pour la Wehrmacht, ce qui [écrivait Dollfuss] est mieux que cela,

> *... que font nos concurrents français moins chanceux. La raison en est que nos camions sont très demandés par les autorités allemandes et je crois que tant que la guerre durera et au moins pendant un certain temps, tout ce que nous produirons sera pris par les autorités ....allemandes ; Je me contenterai de vous dire que ... l'attitude de stricte neutralité que vous avez adoptée, avec votre père, a été un atout inestimable pour la production de vos entreprises en Europe.*[107]

Dollfuss révéla que les bénéfices de cette entreprise allemande s'élevaient déjà à 1,6 million de francs, et que les bénéfices nets pour 1941 n'étaient pas inférieurs à 58 000 000 de francs - parce que les Allemands ont payé rapidement la production de Ford. À la réception de cette nouvelle, Edsel Ford a câblé :

> *Ravi d'entendre que vous faites des progrès. Vos lettres sont très intéressantes. Vous réalisez pleinement le grand handicap sous lequel vous travaillez. J'espère que vous et votre famille allez bien.*
>
> *Salutations.*

---

[106] Élimination des ressources allemandes, p. 657-8.

[107] Josiah E. Dubois, Jr, *Generals in Grey Suits*, (Londres : The Bodley Head, 1958), p. 248.

s/ Edsel Ford[108]

Bien qu'il existe des preuves que les usines européennes appartenant à des intérêts de Wall Street n'ont pas été bombardées par l'armée de l'air américaine pendant la Seconde Guerre mondiale, cette restriction n'est apparemment pas parvenue au commandement britannique des bombardements. En mars 1942, la Royal Air Force a bombardé l'usine Ford à Poissy, en France. Une lettre ultérieure d'Edsel Ford au directeur général de Ford, Sorenson, à propos de ce raid de la RAF, commentait : "Des photographies de l'usine en feu ont été publiées dans des journaux américains mais heureusement, aucune référence n'a été faite à la Ford Motor Company."[109] En tout état de cause, le gouvernement de Vichy a versé 38 millions de francs à la Ford Motor Company en compensation des dommages causés à l'usine de Poissy. Cela n'a pas été rapporté dans la presse américaine et ne serait guère apprécié par les Américains en guerre contre le nazisme. Dubois affirme que ces messages privés de Ford en Europe ont été transmis à Edsel Ford par le secrétaire d'État adjoint Breckenridge Long. C'est ce même secrétaire Long qui, un an plus tard, a supprimé les messages privés par l'intermédiaire du Département d'État concernant l'extermination des Juifs en Europe. La divulgation de ces messages aurait pu être utilisée pour aider ces personnes désespérées.

Un rapport de renseignement sur les bombardements de l'armée de l'air américaine rédigé en 1943 le note,

> Les principales activités de guerre [de l'usine Ford] sont probablement la fabrication de camions légers et de pièces détachées pour tous les camions et voitures Ford en service dans l'Europe de l'axe (y compris les Molotov russes capturés).[110]

Les Molotov russes ont bien sûr été fabriqués par l'usine Ford à Gorki, en Russie. En France, pendant la guerre, la production de voitures particulières a été entièrement remplacée par des véhicules militaires et, à cette fin, trois grands bâtiments supplémentaires ont été ajoutés à l'usine de Poissy. Le bâtiment principal contenait environ 500 machines-outils, toutes importées des États-Unis et comprenant un bon nombre de types plus complexes, tels que les fraises à engrenages Gleason, les automates Bullard et les aléseuses Ingersoll.[111]

---

[108] Ibid, p. 249.

[109] Ibid, p. 251.

[110] Ibid.

[111] U.S. Army Air Force, *Aiming point report No I.E.2*, 29 mai 1943.

Ford a également étendu ses activités en temps de guerre à l'Afrique du Nord. En décembre 1941, une nouvelle société Ford, Ford-Afrique, est enregistrée en France et obtient tous les droits de l'ancienne Ford Motor Company, Ltd. d'Angleterre en Algérie, Tunisie, Maroc français, Équateur français et Afrique occidentale française. L'Afrique du Nord n'étant pas accessible à la Ford britannique, cette nouvelle compagnie Ford - enregistrée en France occupée par l'Allemagne - a été organisée pour combler cette lacune. Les directeurs étaient pronazis et comprenaient Maurice Dollfuss (le correspondant d'Edsel Ford) et Roger Messis (décrit par le consul général des États-Unis à Alger comme "connu de ce bureau, réputé sans scrupules, est déclaré être à 100% pro-allemand")[112]

Le consul général des États-Unis a également indiqué que la propagande était courante à Alger sur :

... la collaboration des capitaux franco-germano-américains et la sincérité douteuse de l'effort de guerre américain, [il] pointe déjà un doigt accusateur sur une transaction qui a longtemps fait l'objet de discussions dans les milieux commerciaux.[113]

En bref, il existe des preuves documentaires que la Ford Motor Company a travaillé dans les deux camps de la Seconde Guerre mondiale. Si les industriels nazis jugés à Nuremberg étaient coupables de crimes contre l'humanité, il doit en être de même pour leurs collègues de la famille Ford, Henry et Edsel Ford. Cependant, l'histoire de Ford a été dissimulée par Washington - apparemment comme presque tout ce qui pouvait toucher au nom et à la subsistance de l'élite financière de Wall Street.

---

[112] Fichier décimal du Département d'État américain, 800/610.1.

[113] Ibid.

CHAPITRE VII

QUI A FINANCÉ ADOLF HITLER ?

Le financement d'Hitler et du mouvement nazi n'a pas encore fait l'objet d'une étude approfondie et exhaustive. Le seul examen publié des finances personnelles d'Hitler est un article d'Oron James Hale, "Adolf Hitler: Taxpayer",[114] qui relate les frictions d'Adolf avec les autorités fiscales allemandes avant qu'il ne devienne *Reichskanzler* [Chancelier du Reich], Dans les années 1920, Hitler se présente au fisc allemand comme un simple écrivain appauvri vivant de prêts bancaires, avec une automobile achetée à crédit. Malheureusement, les documents originaux utilisés par Hale ne permettent pas de connaître la source des revenus, des prêts ou du crédit de Hitler, et la loi allemande "n'exigeait pas des travailleurs indépendants ou des professionnels qu'ils divulguent en détail les sources de revenus ou la nature des services rendus".[115] De toute évidence, les fonds pour ses automobiles, le salaire de son secrétaire privé Rudolf Hess, un autre assistant, un chauffeur, et les dépenses encourues par l'activité politique, provenaient bien de quelque part.

Mais, tout comme le séjour de Léon Trotsky à New York en 1917, il est difficile de concilier les dépenses connues d'Hitler avec la source précise de ses revenus.

QUELQUES-UNS DES PREMIERS SOUTIENS D'HITLER

Nous savons que d'éminents industriels européens et américains parrainaient toutes sortes de groupes politiques totalitaires à cette époque,

---

[114] *The American Historical Review,* Volume LC, NO. 4, juillet. 1955. p, 830.

[115] Ibid, note de bas de page (2).

y compris des communistes et divers groupes nazis. Le Comité Kilgore américain en fait état :

> En 1919, Krupp apportait déjà une aide financière à l'un des groupes politiques réactionnaires qui ont semé la graine de l'idéologie nazie actuelle. Hugo Stinnes a été l'un des premiers à contribuer au parti nazi (National Socialistische Deutsche Arbeiter Partei). En 1924, d'autres industriels et financiers de premier plan, dont Fritz Thyssen, Albert Voegler, Adolf [sic] Kirdorf et Kurt von Schroder, donnaient secrètement des sommes importantes aux nazis. En 1931, les membres de l'association des propriétaires de charbon dirigée par Kirdorf s'engagèrent à payer 50 pfennigs pour chaque tonne de charbon vendue, l'argent devant aller à l'organisation que Hitler était en train de construire.[116]

Le procès d'Hitler à Munich en 1924 a permis de prouver que le parti nazi avait reçu 20 000 dollars des industriels de Nuremberg. Le nom le plus intéressant de cette période est celui d'Emil Kirdorf, qui avait auparavant servi d'intermédiaire pour le financement de la participation allemande à la révolution bolchévique.[117] Le rôle de Kirdorf dans le financement d'Hitler était, selon ses propres termes :

> En 1923, je suis entré en contact pour la première fois avec le mouvement national-socialiste ; j'ai entendu le Führer pour la première fois dans la salle d'exposition d'Essen. Son exposé clair m'a complètement convaincu et m'a submergé. En 1927, j'ai rencontré le Führer personnellement pour la première fois. Je me suis rendu à Munich et j'ai eu une conversation avec le Führer dans la maison des Bruckmann. Pendant quatre heures et demie, Adolf Hitler m'a expliqué son programme en détail. J'ai ensuite supplié le Führer de rassembler l'exposé qu'il m'avait donné sous forme de brochure. J'ai ensuite distribué ce pamphlet en mon nom dans les milieux commerciaux et industriels.
>
> Depuis lors, je me suis mis entièrement à la disposition de son mouvement. Peu après notre conversation de Munich, et suite au pamphlet que le Führer a composé et que j'ai distribué, un certain nombre de rencontres ont eu lieu entre le Führer et des personnalités de premier plan dans le domaine de l'industrie. Pour la dernière fois avant la prise du pouvoir, les chefs d'entreprise se sont réunis chez moi avec

---

[116] *Élimination des ressources allemandes*, p. 648. L'Albert Voegler mentionné dans la liste des premiers partisans d'Hitler du Comité Kilgore était le représentant allemand à la Commission du Plan Dawes. Owen Young de General Electric (voir chapitre trois) était un représentant américain pour le plan Dawes et a formulé son successeur, le plan Young.

[117] Antony C. Sutton, *Wall Street et la révolution bolchévique*, op. cit.

Adolf Hitler, Rudolf Hess, Hermann Goering et d'autres personnalités du parti.[118]

En 1925, la famille Hugo Stinnes a contribué financièrement à la transformation de l'hebdomadaire nazi *Volkischer Beobachter* en un quotidien. Putzi Hanfstaengl, ami et protégé de Franklin D. Roosevelt, a fourni le reste des fonds. Le tableau 7-1 (voir plus loin) résume les contributions financières actuellement connues et les associations professionnelles des contributeurs des États-Unis. Putzi ne figure pas dans le tableau 7-1 car il n'était ni industriel ni financier.

Au début des années 1930, l'aide financière à Hitler a commencé à circuler plus facilement. Il y eut en Allemagne une série de rencontres, irréfutablement documentées dans plusieurs sources, entre des industriels allemands, Hitler lui-même, et plus souvent les représentants de Hitler, Hjalmar Schacht et Rudolf Hess. Le point critique est que les industriels allemands qui finançaient Hitler étaient principalement des directeurs de cartels avec des associations américaines, la propriété, la participation ou une forme de lien subsidiaire. Les bailleurs de fonds de Hitler n'étaient pas, dans l'ensemble, des entreprises d'origine purement allemande, ni des représentants d'entreprises familiales allemandes. À l'exception de Thyssen et de Kirdoff, il s'agissait dans la plupart des cas de multinationales allemandes - c'est-à-dire I.G. Farben, A.E.G., DAPAG, etc. Ces multinationales avaient été créées grâce à des prêts américains dans les années 1920 et, au début des années 1930, elles étaient dirigées par des Américains et bénéficiaient d'une forte participation financière américaine.

Un flux de fonds politiques étrangers non pris en compte ici est celui rapporté par la Royal Dutch Shell, basée en Europe, le grand concurrent de Standard Oil dans les années 20 et 30, et la gigantesque invention de l'homme d'affaires anglo-néerlandais Sir Henri Deterding. Il a été largement affirmé qu'Henri Deterding a personnellement financé Hitler. Cet argument est avancé, par exemple, par le biographe Glyn Roberts dans *L'homme le plus puissant du monde*. Roberts note que Deterding a été impressionné par Hitler dès 1921 :

> ... *et la presse néerlandaise a rapporté que, par l'intermédiaire de l'agent Georg Bell, il [Deterding] avait mis à la disposition d'Hitler, alors que le parti était "encore en gestation", pas moins de quatre millions de florins.*[119]

---

[118] *Preussiche Zettung*, 3 janvier 1937.

[119] Glyn Roberts, *The Most Powerful Man in the World*, (New York : Covicl, Friede, 1938), p. 305.

Il a été rapporté (par Roberts) qu'en 1931 Georg Bell, l'agent de Deterding, a assisté à des réunions de patriotes ukrainiens à Paris "en tant que délégué conjoint d'Hitler et de Deterding".[120] Roberts rapporte également :

> Deterding a été accusé, comme en témoigne Edgar Ansell Mowrer dans son livre l'"Allemagne remet les pendules à l'heure", d'avoir remis une importante somme d'argent aux nazis, étant entendu que le succès lui donnerait une position plus favorable sur le marché pétrolier allemand. En d'autres occasions, des chiffres allant jusqu'à 55 000 000 de livres ont été mentionnés.[121]

Le biographe Roberts a vraiment trouvé le fort antibolchevisme de Deterding de mauvais goût, et plutôt que de présenter des preuves solides de financement, il est enclin à supposer plutôt qu'à prouver que Deterding était pro-Hitler. Mais le pro-hitlérien n'est pas une conséquence nécessaire de l'antibolchevisme ; en tout état de cause, Roberts n'offre aucune preuve de financement, et cet auteur n'a pas trouvé de preuves tangibles de l'implication de Deterding.

Le livre de Mowrer ne contient ni index ni notes de bas de page quant à la source de ses informations et Roberts n'a aucune preuve spécifique de ses accusations. Il existe des preuves indirectes que Deterding était pronazi. Il est ensuite allé vivre dans l'Allemagne d'Hitler et a augmenté sa part du marché pétrolier allemand. Il y a donc peut-être eu des contributions, mais elles n'ont pas été prouvées.

De même, en France (le 11 janvier 1932), Paul Faure, membre de la Chambre des Députés, a accusé l'entreprise industrielle française Schneider-Creuzot de financer Hitler - et a incidemment impliqué Wall Street dans d'autres circuits de financement.[122]

Le groupe Schneider est une célèbre firme de fabricants d'armement français. Après avoir rappelé l'influence de Schneider dans l'établissement du fascisme en Hongrie et ses vastes opérations internationales d'armement, Paul Fauré évoque Hitler et cite le quotidien français *Le Journal*, indiquant "qu'Hitler avait reçu 300 000 francs or suisses" provenant de souscriptions ouvertes en Hollande au nom d'un professeur d'université nommé von Bissing. Paul Fauré déclare que l'usine Skoda de Pilsen était contrôlée par la famille française Schneider,

---

[120] Ibid, p. 313.

[121] Ibid, p. 322.

[122] Voir *Chambre des Députés - Débats*, 11 février 1932, p. 496-500.

et que ce sont les directeurs de Skoda, von Duschnitz et von Arthaber, qui ont effectué les souscriptions à Hitler. Fauré conclut :

> ... Je suis troublé de voir les directeurs de Skoda, contrôlés par Schneider, subventionner la campagne électorale de M. Hitler ; je suis troublé de voir vos entreprises, vos financiers, vos cartels industriels s'unir au plus nationaliste des Allemands...

Là encore, aucune preuve concrète n'a été trouvée pour ce prétendu flux de fonds hitlériens.

FRITZ THYSSEN ET LA W.A. HARRIMAN COMPANY DE NEW YORK

Un autre cas insaisissable de financement d'Hitler est celui de Fritz Thyssen, le magnat allemand de l'acier qui s'est associé au mouvement nazi au début des années 20. Interrogé en 1945 dans le cadre du projet Dustbin,[123] Thyssen se souvient qu'il a été approché en 1923 par le général Ludendorff lors de l'évacuation française de la Ruhr. Peu après cette rencontre, Thyssen a été présenté à Hitler et a fourni des fonds aux nazis par l'intermédiaire du général Ludendorff. En 1930-1931, Emil Kirdorf approcha Thyssen et envoya ensuite Rudolf Hess négocier un nouveau financement pour le parti nazi. Cette fois-ci, Thyssen a arrangé un crédit de 250 000 marks à la Bank Voor Handel en Scheepvaart N.V., située au 18 Zuidblaak à Rotterdam, en Hollande, fondée en 1918 avec H.J. Kouwenhoven et D.C. Schutte comme associés directeurs.[124] Cette banque était une filiale de la August Thyssen Bank of Germany (anciennement von der Heydt's Bank A.G.). C'était la banque personnelle de Thyssen, et elle était affiliée aux intérêts financiers de W. A. Harriman à New York. Thyssen a rapporté à ses interrogateurs du Projet Dustbin que :

> J'ai choisi une banque néerlandaise parce que je ne voulais pas être confondu avec les banques allemandes dans ma position, et parce que je

---

[123] Conseil de contrôle du groupe américain (Allemagne0 Bureau du directeur du renseignement, Agence d'information sur le terrain, technique). Rapport de renseignement n° EF/ME/1,4 septembre 1945. "Examination of Dr. Fritz Thyssen," p, 13, ci-après cité comme "Examination of Dr.

[124] La banque était connue en Allemagne sous le nom de Bank fur Handel und Schiff.

pensais qu'il était préférable de faire des affaires avec une banque néerlandaise, et je pensais avoir les nazis un peu plus entre les mains.[125]

Le livre de Thyssen, *I Paid Hitler*, publié en 1941, est censé avoir été écrit par Fritz Thyssen lui-même, bien que Thyssen en nie la paternité. Le livre affirme que les fonds destinés à Hitler - environ un million de marks - provenaient principalement de Thyssen lui-même. *I Paid Hitler* avance d'autres affirmations non fondées, par exemple que Hitler descendait en fait d'un enfant illégitime de la famille Rothschild. La grand-mère d'Hitler, Frau Schickelgruber, aurait été une servante de la famille Rothschild et serait tombée enceinte :

> ... une enquête ordonnée par le défunt chancelier autrichien Engelbert Dollfuss a donné des résultats intéressants, car les dossiers du service de police du monarque austro-hongrois étaient remarquablement complets.[126]

Cette affirmation concernant l'illégitimité d'Hitler est entièrement réfutée dans un livre d'Eugène Davidson, plus solidement étayé, qui implique la famille Frankenberger, et non la famille Rothschild.

En tout état de cause, et c'est plus pertinent de notre point de vue, la banque de façade August Thyssen aux Pays-Bas - c'est-à-dire la Bank voor Handel en Scheepvaart N.V. - contrôlait l'Union Banking Corporation à New York. Les Harriman avaient des intérêts financiers dans cette Union Banking Corporation, dont E. Roland Harriman (le frère d'Averell) était l'un des directeurs. L'Union Banking Corporation de New York était une opération conjointe de Thyssen et Harriman avec les directeurs suivants en 1932[127]:

E. Roland HARRIMAN	Vice-président de W. A. Harriman & Co, New York
H.J. KOUWENHOVEN	Banquier nazi, associé gérant de la August Thyssen Bank et de la Bank voor Handel Scheepvaart N.V. (la banque de transfert des fonds de Thyssen)
J. G. GROENINGEN	Vereinigte Stahlwerke (le cartel de l'acier qui a également financé Hitler)
C. LIEVENSE	Président, Union Banking Corp, New York City

---

[125] Examen du Dr Fritz Thyssen.

[126] Fritz Thyssen, *I Paid Hitler*, (New York : Farrar & Rinehart, Inc., 1941). p. 159.

[127] Tiré de *Bankers Directory*, 1932 édition, p, 2557 et Poors, *Directory of Directors*. J.L. Guinter et Knight Woolley étaient également directeurs.

E. S. JAMES   Partenaire Brown Brothers, puis Brown Brothers, Harriman & Co.

En liquidant ces affaires russes en 1929, Averell Harriman a reçu un bénéfice inattendu d'un million de dollars de la part des Soviétiques, réputés pour avoir la dent dure et ne rien donner sans contrepartie. Parallèlement à ces succès dans la finance internationale, Averell Harriman a toujours été attiré par le service dit "public". En 1913, le service "public" d'Harriman a débuté par une nomination à la Commission du Parc des Palissades. En 1933, Harriman est nommé président du Comité de l'emploi de l'État de New York et, en 1934, il devient administrateur de la NRA de Roosevelt - une création mussolinienne de Gerard Swope de General Electric.[128] Il s'ensuit un flot de postes "publics", d'abord dans le cadre du programme de prêts-bails, puis comme ambassadeur en Union soviétique, puis comme secrétaire au commerce.

---

[128] Voir Antony C. Sutton, *Wall Street et FDR*. Chapitre neuf, "Le plan Swope", *op. cit.*

TABLEAU 7-1 : LIENS FINANCIERS ENTRE LES INDUSTRIELS AMÉRICAINS ET ADOLF HITLER

Date	Banquiers et Industriels Américains	Entreprise Américaine Affiliée	Source Allemande	Montant	Intermédiaire ou Agent pour les Fonds
1923	Henry FORD	Ford Motor Co.	—		—
1931	E. R. HARRIMAN	Union Banking Corp.	Fritz THYSSEN	250 000 RM	Bank voor Handel en Scheepvaart N.V. (filiale d'August Thyssen)
1932-33		Flick (adminitr. d'A.E.G.)	Friedrich FLICK	150 000 RM	Directement au NSDAP
Février-mars 33		Aucune	Emil KIRDORF	600 000 RM	Nationale Treuhand
Février-mars 1933	Edsel B. FORD C. E. MITCHELL Walter TEAGLE Paul M. WARBURG	AMERICAN I.G.	I.G. FARBEN	400 000 RM	Nationale Treuhand
Février-mars 1933		Aucune	Association nationale de l'industrie auto allemande	100 000 RM	Nationale Treuhand
Février-mars 1933	Gerard SWOPE Owen D. YOUNG C. H. MINOR E. A. BALDWIN	I.T.T. (25%)	A.E.G.	60 000 RM	Nationale Treuhand

			DEMAG	50 000 RM	
Février-mars 33	Owen D. YOUNG	Aucune	OSRAM G.m.b.H.	40 000 RM	Nationale Treuhand
Février-mars 33	Sosthenes BEHN	I.T.T. (16%)	Telefunken	35 000 RM	Nationale Treuhand
Février-mars 33		I.T.T.	Karl HERRMAN	300 000 RM	Nationale Treuhand
Février-mars 33		Aucune	A. STEINKE (admin. de BUBIAG)	200 000 RM	Nationale Treuhand
Février-mars 1933		Aucune	Karl LANGE (industrie de l'usinage)	50 000 RM	Nationale Treuhand
Février-mars		Aucune	F. SPRINGORUM	36 000 RM	Nationale Treuhand
Février-mars 1933	Edsel B. FORD	Ford Motor Co.	Carl BOSCH (I.G. Farben et Ford Motor A.G.)		
1932-1944	Walter TEAGLE J. A. MOFFETT W. S. FARISH	Standard Oil of New Jersey (94%)	Emil HELFFERICH		S.S. de Heinrich Himmler via le Cercle de Keppler
1932-1944	Sosthenes BEHN	I.T.T.	Kurt von SCHRÖDER		S.S. de Heinrich Himmler via le Cercle de Keppler

En revanche, E. Roland Harriman a limité ses activités aux affaires privées dans le domaine de la finance internationale sans s'aventurer, comme le faisait son frère Averell, dans le service "public". En 1922, Roland et Averell ont créé la société W. A. Harriman & Company. Plus tard encore, Roland devient président du conseil d'administration de l'Union Pacific Railroad et administrateur du magazine *Newsweek*, de la Mutual Life Insurance Company of New York, membre du conseil des gouverneurs de la Croix-Rouge américaine et membre de l'American Museum of Natural History.

Le financier nazi Hendrik Jozef Kouwenhoven, co-directeur de Roland Harriman à la Union Banking Corporation à New York, était directeur général de la Bank voor Handel en Scheepvaart N.V. (BHS) de Rotterdam. En 1940, la BHS détenait environ 2,2 millions de dollars d'actifs dans l'Union Banking Corporation, qui à son tour faisait la plupart de ses affaires avec la BHS.[129] Dans les années 1930, Kouwenhoven était également directeur de la Vereinigte Stahlwerke A.G., le cartel de l'acier fondé avec des fonds de Wall Street au milieu des années 1920. Comme le baron Schroder, il était un partisan important d'Hitler.

Un autre directeur de la New York Union Banking Corporation était Johann Groeninger, un citoyen allemand ayant de nombreuses affiliations industrielles et financières avec Vereinigte Stahlwerke, le groupe August Thyssen, et un poste de directeur de August Thyssen Hutte A.G.[130]

Cette affiliation et cet intérêt commercial mutuel entre Harriman et les intérêts de Thyssen ne suggèrent pas que les Harriman aient directement financé Hitler. En revanche, cela montre que les Harriman étaient intimement liés aux nazis Kouwenhoven et Groeninger et à une banque de façade nazie, la Bank voor Handel en Scheepvaart. Il y a tout lieu de croire que les Harriman étaient au courant du soutien de Thyssen aux nazis. Dans le cas des Harriman, il est important de garder à l'esprit leur relation intime et durable avec l'Union soviétique et la position des Harriman au centre du New Deal de Roosevelt et du Parti démocratique. Les preuves suggèrent que certains membres de l'élite de Wall Street sont liés à, et ont certainement de l'influence sur, tous les groupements politiques importants du spectre socialiste mondial contemporain - le socialisme soviétique, le national-socialisme d'Hitler et le New Deal socialiste de Roosevelt.

---

[129] Voir Élimination des ressources allemandes, p. 728-30.

[130] Pour d'autres liens encore entre l'Union Banking Corp. et les entreprises allemandes, voir Ibid, pp. 728-30.

LE FINANCEMENT D'HITLER LORS DES ÉLECTIONS GÉNÉRALES DE MARS 1933

En mettant de côté les affaires Georg Bell-Deterding et Thyssen-Harriman, nous examinons maintenant le noyau du soutien d'Hitler. En mai 1932, la rencontre dite du "Kaiserhof" a eu lieu entre Schmitz de I.G. Farben, Max Ilgner de l'Américain I.G. Farben, Kiep de la ligne Hambourg-Amérique et Diem du Trust allemand de la potasse. Plus de 500 000 marks ont été levés lors de cette réunion et déposés au crédit de Rudolf Hess à la Deutsche Bank. Il est intéressant de noter, à la lumière du "mythe de Warburg" décrit au chapitre 10, que Max Ilgner de l'Américain I.G. Farben a contribué à hauteur de 100 000 RM, soit un cinquième du total. Le livre de "Sidney Warburg" revendique l'implication de Warburg dans le financement d'Hitler, et Paul Warburg était un directeur de l'américain I.G. Farben[131] alors que Max Warburg était un directeur de I.G. Farben.

Il existe des preuves documentaires irréfutables d'un autre rôle des banquiers et des industriels internationaux dans le financement du parti nazi et du *Volkspartie* pour les élections allemandes de mars 1933. Au total, trois millions de Reichsmarks ont été souscrits par des entreprises et des hommes d'affaires de premier plan, convenablement "lavés" par un compte à la Delbruck Schickler Bank, puis remis entre les mains de Rudolf Hess pour être utilisés par Hitler et le NSDAP. Ce transfert de fonds a été suivi par l'incendie du Reichstag, l'abrogation des droits constitutionnels et la consolidation du pouvoir nazi. L'accès au Reichstag par les incendiaires se faisait par un tunnel depuis une maison où logeait Putzi Hanfstaengl ; l'incendie du Reichstag lui-même a été utilisé par Hitler comme prétexte pour abolir les droits constitutionnels. En bref, quelques semaines après le financement majeur de Hitler, une série d'événements majeurs se sont succédés : la contribution financière de banquiers et d'industriels de premier plan aux élections de 1933, l'incendie du Reichstag, l'abrogation des droits constitutionnels et la prise de pouvoir ultérieure par le parti nazi.

La réunion de collecte de fonds s'est tenue le 20 février 1933 dans la maison de Goering, qui était alors président du Reichstag, avec Hjalmar Horace Greeley Schacht comme hôte. Parmi les personnes présentes, selon le von Schnitzler de I.G. Farben, se trouvaient :

> *Krupp von Bohlen, qui, au début de 1933, était président du Reichsverband der Deutschen Industrie Reich Association of German*

---

[131] Voir le chapitre 10.

Industry ; Dr Albert Voegler, le dirigeant des Vereinigte Stahlwerke ; Von Loewenfeld ; Dr Stein, chef de la Gewerkschaft Auguste-Victoria, une mine qui appartient à l'IG.[132]

Hitler a exposé ses opinions politiques aux hommes d'affaires réunis dans un long discours de deux heures et demie, en utilisant à bon escient la menace du communisme et d'une prise de pouvoir communiste :

> Il ne suffit pas de dire que nous ne voulons pas du communisme dans notre économie. Si nous continuons sur notre ancienne voie politique, alors nous périrons. ....C'est la tâche la plus noble du dirigeant que de trouver des idéaux plus forts que les facteurs qui rassemblent le peuple. J'ai reconnu, même à l'hôpital, qu'il fallait chercher de nouveaux idéaux propices à la reconstruction. Je les ai trouvés dans le nationalisme, dans la valeur de la personnalité, et dans le refus de la réconciliation entre les nations...
>
> Nous sommes maintenant à la veille des dernières élections. Quel que soit le résultat, il n'y aura pas de recul, même si les prochaines élections n'entraînent pas de décision, d'une manière ou d'une autre. Si l'élection ne décide pas, la décision doit être prise par d'autres moyens. Je suis intervenu afin de donner une fois de plus au peuple la possibilité de décider de son sort par lui-même ....
>
> Il n'y a que deux possibilités, soit de repousser l'adversaire pour des raisons constitutionnelles, et à cette fin encore une fois cette élection ; soit une lutte sera menée avec d'autres armes, ce qui peut exiger de plus grands sacrifices. J'espère que le peuple allemand reconnaîtra ainsi la gravité de l'heure.[133]

Après l'intervention de Hitler, Krupp von Bohlen a exprimé le soutien des industriels et des banquiers assemblés sous la forme concrète d'un fonds politique de trois millions de marks. Ce fonds s'avéra plus que suffisant pour acquérir le pouvoir, car 600 000 marks restèrent inutilisés après les élections.

Hjalmar Schacht a organisé cette rencontre historique. Nous avons déjà décrit les liens de Schacht avec les États-Unis : son père était caissier pour la branche berlinoise d'Equitable Assurance, et Hjalmar était intimement lié à Wall Street presque tous les mois.

Le plus grand contributeur au fonds a été I.G. Farben, qui s'est engagé à hauteur de 80% (ou 500 000 marks) du total. Le directeur A. Steinke, de BUBIAG (Braunkohlen-u. Brikett-Industrie A.G.), une filiale de I.G. Farben, a personnellement contribué à hauteur de 200 000 marks

---

[132] *NMT*, Volume VII, p. 555.

[133] Josiah E. Dubois, Jr, *Generals in Grey Suits*, op. cit. p. 323.

supplémentaires. En bref, 45% des fonds pour l'élection de 1933 proviennent de I.G. Farben. Si nous regardons les directeurs de l'entreprise américaine I.G. Farben - la filiale américaine d'I.G. Farben - nous nous rapprochons des racines de l'implication de Wall Street dans Hitler. Le conseil d'administration d'American I.G. Farben comptait à cette époque certains des noms les plus prestigieux parmi les industriels américains : Edsel B. Ford de la Ford Motor Company, C.E. Mitchell de la Federal Reserve Bank of New York, et Walter Teagle, directeur de la Federal Reserve Bank of New York, de la Standard Oil Company du New Jersey et de la Georgia Warm Springs Foundation du président Franklin D. Roosevelt.

Paul M. Warburg, premier directeur de la Federal Reserve Bank of New York et président de la Bank of Manhattan, était un directeur de Farben et en Allemagne, son frère Max Warburg était également directeur de I.G, Farben. H. A. Metz, de I.G. Farben, était également directeur de la Warburg's Bank of Manhattan. Enfin, Carl Bosch, de l'Américain I.G. Farben, a également été directeur de la Ford Motor Company A-G en Allemagne.

Trois membres du conseil d'administration de l'Américain I.G. Farben ont été reconnus coupables lors du procès pour crimes de guerre de Nuremberg : Max Ilgner, F. Ter Meer et Hermann Schmitz. Comme nous l'avons noté, les membres américains du conseil d'administration - Edsel Ford, C. E. Mitchell, Walter Teagle et Paul Warburg - n'ont pas été jugés à Nuremberg et, d'après les archives, il semble qu'ils n'aient même pas été interrogés sur leur connaissance du fonds Hitler de 1933.

LES CONTRIBUTIONS POLITIQUES DE 1933

Qui sont les industriels et les banquiers qui ont mis des fonds électoraux à la disposition du parti nazi en 1933 ? La liste des contributeurs et le montant de leur contribution sont les suivants :

CONTRIBUTIONS FINANCIÈRES À HITLER : 23 février-mars. 13, 1933 :

(Le compte Hjalmar Schacht chez Delbruck, Schickler Bank)

Contributions politiques des entreprises (avec certains directeurs affiliés)	Montant promis	Pourcentage du total de l'entreprise
Association pour les intérêts miniers (Kitdorf)	$600,000	45.8

I.G. Farbenindustrie (Edsel Ford, C.E. Mitchell, Walter Teagle, Paul Warburg)	400,000	30.5
Salon de l'automobile, Berlin (Reichsverbund der Automobilindustrie S.V.)	100,000	7.6
A.E.G., German General Electric (Gerard Swope, Owen Young, C.H. Minor, Arthur Baldwin)	60,000	4.6
Demag	50,000	3.8
Osram G.m.b.H. (Owen Young)	40,000	3.0
Telefunken Company pour la télégraphie sans fil	85,000	2.7
Accumulatoren-Fabrik A.G. (Quandt of A.E.G.)	25,000	1.9
Total de l'industrie	1,310,000	99.9

Plus les contributions politiques des hommes d'affaires individuels :

Karl Hermann	300,000
Directeur A. Steinke (BUBIAG- Braunkohlen-u. Brikett - Industrie A.G.)	200,000
Vous. Karl Lange (membre directeur du conseil d'administration du Verein Deutsches Maschinenbau-Anstalten)	50,000
Dr F. Springorum (Président : Eisen-und Stahlwerke Hoesch A.G.)	36,000

Source : Voir l'annexe pour la traduction du document original.

 Comment pouvons-nous prouver que ces paiements politiques ont réellement eu lieu ? Les paiements à Hitler dans cette dernière étape sur la route du nazisme dictatorial ont été effectués par la banque privée de Delbruck Sehickler. La Delbruck Schickler Bank était une filiale de la

Metallgesellschaft A.G. ("Metall"), un géant industriel, la plus grande entreprise de métaux non ferreux en Allemagne, et l'influence dominante dans le "commerce" mondial des métaux non ferreux. Les principaux actionnaires de *"Metall"* étaient I.G. Farben et la British Metal Corporation. On peut noter incidemment que les directeurs britanniques du "Metall" *Aufsichsrat* étaient Walter Gardner (Amalgamated Metal Corporation) et le capitaine Oliver Lyttelton (également au conseil d'administration d'Amalgamated Metal et, paradoxalement, plus tard au cours de la Seconde Guerre mondiale, pour devenir le ministre britannique de la production).

Il existe parmi les pièces du procès de Nuremberg les originaux des bordereaux de virement de la division bancaire de I.G. Farben et d'autres sociétés énumérées à la page 110 vers la Delbruck Schickler Bank à Berlin, informant la banque du transfert de fonds de la Dresdner Bank, et d'autres banques, vers leur compte de la Nationale Treuhand (tutelle nationale*)*. Ce compte a été utilisé par Rudolf Hess pour les dépenses du parti nazi pendant les élections. La traduction du bordereau de virement de I.G. Farben, choisi comme échantillon, est la suivante

Traduction de la lettre de I.G. Farben du 27 février 1933, conseillant le transfert de 400 000 Reichsmarks sur le compte de la Tutelle nationale :

I.G. FARBENINDUSTRIE AKTIENGESELLSCHAFT

Département de la Banque

Ferme : Delbruck Schickler & Cie, BERLIN W.8

Mauerstrasse 63/65, Francfort (Main) 20

Notre référence : (mention dans la réponse)

27 février 1933 B./Goe.

Nous vous informons par la présente que nous avons autorisé la Dresdner Bank de Francfort-sur-le-Main à vous payer demain matin : RM 400.000 que vous utiliserez en faveur du compte "NATIONALE TREUHAND" (Tutelle nationale).

Respectueusement,

I.G. Farbenindustrie Aktiengesellschaft par ordre :

(Signé) SELCK (Signé) BANGERT

Par livraison spéciale.[134]

---

[134] *NMT*, Volume VII, p. 565.

À ce stade, nous devrions prendre note des efforts qui ont été faits pour détourner notre attention des financiers américains (et des financiers allemands liés à des sociétés affiliées aux États-Unis) qui étaient impliqués dans le financement d'Hitler. Habituellement, la responsabilité du financement d'Hitler a été exclusivement attribuée à Fritz Thyssen ou Emil Kirdorf. Dans le cas de Thyssen, cette accusation a été largement diffusée dans un livre dont l'auteur présumé était Thyssen au milieu de la Seconde Guerre mondiale, mais qu'il a par la suite répudié.[135] La raison pour laquelle Thyssen a voulu se démettre avant la défaite du nazisme reste inexpliquée.

Emil Kirdorf, qui est mort en 1937, a toujours été fier de son association avec la montée du nazisme. La tentative de limiter le financement d'Hitler à Thyssen et Kirdorf s'étendit jusqu'aux procès de Nuremberg en 1946, et ne fut contestée que par le délégué soviétique. Même le délégué soviétique n'était pas disposé à produire des preuves d'associations américaines ; cela n'est pas surprenant car l'Union soviétique dépend de la bonne volonté de ces mêmes financiers pour transférer en URSS la technologie occidentale avancée dont elle a tant besoin.

À Nuremberg, des déclarations ont été faites et autorisées à ne pas être contestées, qui étaient directement contraires aux preuves directes connues présentées ci-dessus. Par exemple, Buecher, directeur général de la General Electric allemande, a été exonéré de toute sympathie pour Hitler :

> *Thyssen a avoué son erreur comme un homme et a courageusement payé une lourde peine pour cela. De l'autre côté se trouvent des hommes comme Reusch de la Gutehoffnungshuette, Karl Bosch, le défunt président du I.G. Farben Aufsichtsrat, qui aurait très probablement connu une triste fin s'il n'était pas mort à temps. Leurs sentiments étaient partagés par le vice-président du Aufsichtsrat de Kalle. Les sociétés Siemens et AEG qui, à côté d'I.G. Farben, étaient les plus puissantes entreprises allemandes, étaient des opposants déterminés au national-socialisme.*
>
> *Je sais que cette attitude hostile de la part de Siemens à l'égard des nazis a eu pour conséquence un traitement assez brutal de la firme. Le directeur général de l'AEG (Allgemeine Elektrizitats Gesellschaft), Geheimrat Buecher, que j'ai connu lors de mon séjour dans les colonies, était tout sauf un nazi. Je peux assurer au général Taylor qu'il est*

---

[135] Fritz Thyssen, *I Paid Hitler*, (New York : Toronto : Farrat & Rinehart, Inc., 1941).

certainement faux d'affirmer que les grands industriels en tant que tels ont favorisé Hitler avant sa prise de pouvoir.[136]

Pourtant, à la page 56 de ce livre, nous reproduisons un document émanant de General Electric, qui transfère des fonds de General Electric sur le compte de la National Trusteeship contrôlé par Rudolf Hess au nom d'Hitler et utilisé lors des élections de 1933.

De même, von Schnitzler, qui était présent à la réunion de février 1933 au nom d'I.G. Farben, a nié les contributions d'I.G. Farben à la Nationale Treuhand de 1933 :

> Je n'ai plus jamais entendu parler de toute cette affaire [celle du financement d'Hitler], mais je crois que le bureau de Goering ou de Schacht ou le Reichsverband der Deutschen Industrie avait demandé au bureau de Bosch ou de Schmitz le paiement de la part d'IG dans le fonds d'élection. Comme je n'ai pas repris l'affaire, je ne savais même pas à l'époque quel montant avait été payé par le GI. Selon le volume de l'IG, je devrais estimer la part de l'IG à quelque 10% du fonds électoral, mais pour autant que je sache, il n'y a aucune preuve que I.G. Farben ait participé aux paiements.[137]

Comme nous l'avons vu, les preuves sont irréfutables en ce qui concerne les contributions politiques en espèces à Hitler au moment crucial de la prise de pouvoir en Allemagne - et le précédent discours de Hitler aux industriels a clairement révélé qu'une prise de pouvoir coercitive était l'intention préméditée.

Nous savons exactement qui a contribué, combien et par quels canaux. Il est à noter que les plus gros contributeurs - I.G. Farben, German General Electric (et sa société affiliée Osram), et Thyssen - étaient affiliés aux financiers de Wall Street. Ces financiers de Wall Street étaient au cœur de l'élite financière et ils occupaient une place importante dans la politique américaine contemporaine. Gerard Swope de General Electric était l'auteur du New Deal de Roosevelt, Teagle était l'un des principaux administrateurs de la NRA, Paul Warburg et ses associés à l'American I.G. Farben étaient les conseillers de Roosevelt. Ce n'est peut-être pas une coïncidence extraordinaire que le New Deal de Roosevelt - appelé "mesure fasciste" par Herbert Hoover - ait ressemblé si étroitement au programme de Hitler pour l'Allemagne, et que Hitler et Roosevelt aient pris le pouvoir le même mois de la même année - mars 1933.

---

[136] *NMT*, Volume VI, pp. 1169-1170.

[137] *NMT*, Volume VII, p. 565.

CHAPITRE VIII

PUTZI : AMI D'HITLER ET DE ROOSEVELT

Ernst Sedgewiek Hanfstaengl (ou Hanfy ou Putzi, comme on l'appelait plus souvent), comme Hjalmar Horace Greeley Schacht, était un autre Allemand-Américain au cœur de la montée de l'hitlérisme. Hanfstaengl est né dans une famille bien connue de la Nouvelle-Angleterre ; il était un cousin du général de la guerre de Sécession John Sedgewiek et un petit-fils d'un autre général de la guerre de Sécession, William Heine. Présenté à Hitler au début des années 1920 par le capitaine Truman-Smith, l'attaché militaire américain à Berlin, Putzi est devenu un ardent défenseur d'Hitler, a parfois financé les nazis et, selon l'ambassadeur William Dodd, "... il aurait sauvé la vie d'Hitler en 1923".[138]

Par coïncidence, le père du leader S.S. Heinrich Himmler était également l'entraîneur de Putzi au gymnase royal bavarois Wilhelms. Les amis de Putzi à l'université de Harvard étaient des "futures personnalités remarquables" comme Walter Lippman, John Reed (qui a joué un rôle important décrit dans *Wall Street et la révolution bolchévique*) et Franklin D. Roosevelt. Après quelques années à Harvard, Putzi a créé l'entreprise artistique familiale à New York ; c'était une délicieuse combinaison d'affaires et de plaisir, car comme il le dit, "les noms célèbres qui m'ont rendu visite étaient légion, Pierpont Morgan, Toscanini, Henry Ford, Caruso, Santos-Dumont, Charlie Chaplin, Paderewski, et une fille du président Wilson".[139] C'est également à Harvard que Putzi s'est lié d'amitié avec le futur président Franklin Delano Roosevelt :

---

[138] William E. Dodd, *Ambassador Dodd's Diary, 1933-1938*, (New York : Harcourt, Brace & Co., 1941), p. 360.

[139] Ernst Hanfstaengl, *Unheard Witness*, (New York : J.B. Lippincott, 1957), p. 28.

Je prenais la plupart de mes repas au Harvard Club, où je me suis lié d'amitié avec le jeune Franklin D. Roosevelt, à l'époque un sénateur de l'État de New York en pleine ascension. J'ai également reçu plusieurs invitations à rendre visite à son cousin éloigné Teddy, l'ancien président, qui s'était retiré dans sa propriété de Sagamore Hill.[140]

De ces amitiés variées (et après avoir lu ce livre et ses prédécesseurs, *Wall Street et FDR* et *Wall Street et la révolution bolchévique*), le lecteur peut considérer que l'amitié de Putzi se limitait à un cercle particulièrement élitiste, Putzi est devenu non seulement un ami, un bailleur de fonds et un financier de Hitler, mais un de ses premiers partisans. Il était " ... presque la seule personne qui pouvait se permettre de franchir les limites parmi ses connaissances (d'Hitler)".[141]

En bref, Putzi était un citoyen américain au cœur de l'entourage d'Hitler du début des années 20 à la fin des années 30. En 1943, après avoir perdu la faveur des nazis et avoir été interné par les Alliés, Putzi a été libéré sous caution des misères d'un camp de prisonniers de guerre canadien par son ami et protecteur, le président Franklin D. Roosevelt. Lorsque les actions de FDR menacèrent de devenir un problème politique interne aux États-Unis, Putzi fut à nouveau interné en Angleterre. Comme s'il n'était pas assez surprenant de voir Heinrich Himmler et Franklin D. Roosevelt jouer un rôle important dans la vie de Putzi, nous découvrons également que les chants de marche des sections d'assaut nazies ont été composés par Hanfstaengl, "y compris celui qui a été joué par les brigades de chemises brunes lorsqu'elles traversèrent la porte de Brandebourg le jour où Hitler a pris le pouvoir.[142] Pour couronner le tout, Putzi a déclaré que la genèse du chant nazi "Sieg Heil, Sieg Heil", utilisé dans les rassemblements de masse nazis, n'était autre que "Harvard, Harvard, Harvard, rah, rah, rah".[143]

Putzi a certainement contribué au financement du premier quotidien nazi, le *Volkische Beobachter*. Il est moins facile de vérifier s'il a sauvé la vie d'Hitler des communistes, et bien qu'il ait été tenu - à son grand regret - à l'écart du processus d'écriture de *Mein Kampf* Putzi a eu l'honneur de financer sa publication, "et le fait qu'Hitler ait trouvé un

---

[140] Ibid.

[141] Ibid, p. 52.

[142] Ibid, p. 53.

[143] Ibid, p. 59.

personnel en état de marche lorsqu'il a été libéré de prison est entièrement dû à nos efforts".[144]

Lorsque Hitler est arrivé au pouvoir en mars 1933, simultanément avec Franklin Delano Roosevelt à Washington, un "émissaire" privé a été envoyé de Roosevelt à Washington D.C. pour rencontrer Hanfstaengl à Berlin, avec un message indiquant que, comme il semblait que Hitler allait bientôt prendre le pouvoir en Allemagne, Roosevelt espérait, au vu de leur longue connaissance, que Putzi ferait de son mieux pour éviter toute précipitation et toute initiative précipitée. "Pensez à votre jeu de piano et essayez d'utiliser la pédale douce si les choses deviennent trop bruyantes", tel était le message de FDR. "Si les choses commencent à devenir gênantes, veuillez contacter notre ambassadeur immédiatement.[145]

Hanfstaengl est resté en contact étroit avec l'ambassadeur américain à Berlin, William E. Dodd - apparemment à son grand désarroi, car les commentaires enregistrés de Putzi sur Dodd sont nettement peu flatteurs :

> *À bien des égards, il [Dodd] était un représentant insatisfaisant. C'était un modeste petit professeur d'histoire du Sud, qui dirigeait son ambassade avec un minimum de moyens et essayait probablement de faire des économies sur son salaire. À une époque où il fallait un millionnaire robuste pour rivaliser avec la flamboyance des nazis, il se balançait avec effacement comme s'il était encore sur le campus de son université. Son esprit et ses préjugés étaient mesquins.[146]*

En fait, l'ambassadeur Dodd a tenté de refuser la nomination de Roosevelt au poste d'ambassadeur. Dodd n'avait pas d'héritage et préférait vivre de sa solde au Département d'État plutôt que du butin politique ; contrairement à l'homme politique Dodd était exigeant envers ceux dont il recevait de l'argent. En tout cas, Dodd commentait tout aussi sévèrement Putzi, "... il a donné de l'argent à Hitler en 1923, l'a aidé à écrire *Mein Kampf*, et était en tout point familier avec les motifs d'Hitler"...

Hanfstaengl était-il un agent de l'establishment libéral aux États-Unis ? Nous pouvons probablement écarter cette possibilité car, selon Ladislas Farago, c'est Putzi qui a dénoncé la pénétration britannique de haut niveau du commandement hitlérien. Farago rapporte que le baron William S. de Ropp avait pénétré les plus hauts échelons nazis avant la

---

[144] Ibid, p. 122.

[145] Ibid, pp. 197-8.

[146] Ibid, p. 214.

Seconde Guerre mondiale et que Hitler s'était servi de lui "... comme consultant pour les affaires britanniques ".[147] De Ropp n'était soupçonné d'être un agent double que par Putzi. D'après Farago :

> *La seule personne... qui l'ait jamais soupçonné d'une telle duplicité et qui ait mis en garde le Führer à son sujet est l'erratique Putzi Hanfstaengl, le chef du bureau d'Hitler, formé à Harvard, qui traite avec la presse étrangère.*

Comme le note Farago, "Bill de Ropp jouait le jeu dans les deux camps - un agent double au sommet".[148] Putzi était tout aussi diligent pour mettre en garde ses amis, comme Hermann Goering, contre des espions potentiels dans leur camp. En témoigne l'extrait suivant des mémoires de Putzi, dans lequel il pointe le doigt accusateur d'espionnage sur le jardinier des Goering...

> *"Herman", ai-je dit un jour, "Je parie n'importe quel argent que ce Greinz est un espion de la police." "Putzi", Karin [Mme Herman Goering] est entrée par effraction, "c'est un type si gentil et un merveilleux jardinier." "Il fait exactement ce qu'un espion doit faire", lui ai-je dit, "il s'est rendu indispensable."[149]*

En 1941, Putzi n'était plus en faveur auprès d'Hitler et des nazis, il a fui l'Allemagne et a été interné dans un camp de prisonniers de guerre canadien. L'Allemagne et les États-Unis étant maintenant en guerre, Putzi a recalculé les chances et a conclu : "Maintenant, je savais avec certitude que l'Allemagne serait vaincue."[150] La libération de Putzi du camp de prisonniers de guerre a eu lieu grâce à l'intervention personnelle de son vieil ami, le président Roosevelt :

> *Un jour, un correspondant de la presse de Hearst nommé Kehoe a obtenu l'autorisation de visiter Fort Hens. J'ai réussi à avoir quelques mots avec lui dans un coin. "Je connais bien votre patron", lui ai-je dit. "Vous me rendrez un petit service ?" Heureusement, il a reconnu mon nom.*
>
> *Je lui ai donné une lettre qu'il a glissée dans sa poche. Elle était adressée au secrétaire d'État américain, Cordell Hull. Quelques jours plus tard, elle était sur le bureau de mon ami du Harvard Club, Franklin*

---

[147] Ladislas Farago, *The Game of the Foxes*, (New York : Bantam, 1973), p. 97.

[148] Ibid, p. 106.

[149] Ernst Hanfstaengl, *Unheard Witness*, op. cit. p. 76.

[150] Ibid.

Delano Roosevelt. J'y proposais d'agir en tant que conseiller politique et psychologique dans la guerre contre l'Allemagne.[151]

La réponse et l'offre de "travailler" pour la partie américaine ont été acceptées. Putzi a été installé dans un environnement confortable avec son fils, le sergent de l'armée américaine Egon Hanfstaengl, également présent en tant qu'assistant personnel. En 1944, sous la pression d'une menace républicaine de dénoncer le favoritisme de Roosevelt pour un ancien nazi, Egon est envoyé en Nouvelle-Guinée et Putzi se précipite en Angleterre, où les Britanniques l'internent rapidement pour la durée de la guerre, Roosevelt ou pas Roosevelt,

LE RÔLE DE PUTZI DANS L'INCENDIE DU REICHSTAG

Les amitiés et les manipulations politiques de Putzi purent ou non avoir de grandes conséquences, mais son rôle dans l'incendie du Reichstag est significatif. L'incendie du Reichstag le 27 février 1933 est l'un des événements clés des temps modernes. L'attentat a été utilisé par Adolf Hitler pour revendiquer une révolution communiste imminente, suspendre les droits constitutionnels et s'emparer du pouvoir totalitaire. À partir de ce moment, il n'y a plus eu de retour en arrière pour l'Allemagne ; le monde a été mis sur la voie de la Seconde Guerre mondiale.

À l'époque, l'incendie du Reichstag fut imputé aux communistes, mais il ne fait guère de doute, d'un point de vue historique, que le feu a été délibérément mis par les nazis pour fournir une excuse à la prise du pouvoir politique. Fritz Thyssen a fait ce commentaire lors des interrogatoires de Dustbin après la guerre :

> *Lorsque le Reichstag a été brûlé, tout le monde était sûr que cela avait été fait par les communistes. J'ai appris plus tard en Suisse que tout cela n'était qu'un mensonge.*[152]

Schacht déclare avec force :

> *De nos jours, il est clair que cette action ne peut être rattachée au parti communiste. Il sera difficile d'établir dans quelle mesure les différents nationaux-socialistes ont coopéré à la planification et à l'exécution de cet acte terroriste, mais compte tenu de tout ce qui a été révélé entre-temps, il faut admettre que Goebbels et Goering ont chacun*

---

[151] Ibid, pp. 310-11.

[152] Rapport *Dustbin* EF/Me/1, interview de Thyssen, p. 13.

joué un rôle de premier plan, l'un dans la planification, l'autre dans l'exécution du plan.[153]

L'incendie du Reichstag a été délibérément déclenché, probablement à l'aide d'un liquide inflammable, par un groupe d'experts. C'est là que Putzi Hanfstaengl entre en scène. La question clé est de savoir comment ce groupe, déterminé à mettre le feu, a pu accéder au Reichstag pour faire son travail. Après 20 heures, une seule porte du bâtiment principal était déverrouillée et cette porte était gardée. Un peu avant 21 heures, une visite du bâtiment par les gardiens a indiqué que tout allait bien ; aucun liquide inflammable n'a été remarqué et rien n'était à signaler dans la salle des séances où l'incendie a pris naissance. Apparemment, personne n'aurait pu accéder au bâtiment du Reichstag après 21 heures, et personne n'a été vu entrer ou sortir entre 21 heures et le début de l'incendie.

Il n'y avait qu'une seule façon pour un groupe de personnes avec des matériaux inflammables d'entrer au Reichstag - par un tunnel qui reliait le Reichstag et le Palais du Président du Reichstag. Hermann Goering était président du Reichstag et vivait dans le Palais, et on sait que de nombreux hommes des S.A. et des S.S. se trouvaient dans le Palais. Selon les mots d'un auteur :

> *L'utilisation du passage souterrain, avec toutes ses complications, n'était possible qu'aux national-socialistes, l'avancée et la fuite de la bande incendiaire n'était possible qu'avec la connivence d'employés haut placés du Reichstag. Tous les indices, toutes les probabilités pointent de façon accablante dans une direction, pour conclure que l'incendie du Reichstag était l'œuvre des National-Socialistes.*[154]

Comment Putzi Hanfstaengl s'inscrit-il dans ce tableau d'incendie criminel et d'intrigue politique ? Putzi - de son propre aveu - se trouvait dans la salle du Palais, à l'autre bout du tunnel menant au Reichstag. Et selon le procès pour incendie du Reichstag, Putzi Hanfstaengl se trouvait en fait dans le Palais lui-même pendant l'incendie :

> *L'appareil de propagande se tenait prêt, et les chefs des troupes d'assaut étaient à leur place. Les bulletins officiels étant planifiés à l'avance, les ordres d'arrestation préparés, Karwahne, Frey et Kroyer*

---

[153] Hjalmar Horace Greeley Schacht, *Confessions of "The Old Wizard"*, (Boston : Houghton Mifflin, 1956), p. 276.

[154] George Dimitrov, *The Reichstag Fire Trial*, (Londres : The Bodley Head, 1934), p. 309.

attendant patiemment dans leur café, les préparatifs étaient terminés, le schéma presque parfait.¹⁵⁵

> Les dirigeants national-socialistes, Hitler, Goering et Goebbels, ainsi que les hauts fonctionnaires national-socialistes, Daluege, Hanfstaengl et Albrecht, étaient présents à Berlin le jour de l'incendie, bien que la campagne électorale ait atteint son apogée dans toute l'Allemagne, six jours avant le scrutin. Goering et Goebbels, sous serment, ont fourni des explications contradictoires pour leur présence "fortuite" à Berlin avec Hitler ce jour-là. Le national-socialiste Hanfstaengl, en tant qu'"invité" de Goering, était présent dans le palais du président du Reichstag, juste à côté du Reichstag, au moment où l'incendie a éclaté, bien que son "hôte" n'y soit pas à ce moment-là.¹⁵⁶

Selon le nazi Kurt Ludecke, il existait un document signé par le dirigeant de la S.A. Karl Ernst - qui aurait mis le feu et aurait été assassiné par la suite par d'autres nazis - qui impliquait Goering, Goebbels et Hanfstaengl dans la conspiration.

LE NEW DEAL DE ROOSEVELT ET LE NOUVEL ORDRE D'HITLER

Hjalmar Schacht a défié ses interrogateurs de Nuremberg d'après-guerre en faisant remarquer que le programme *New Order* (Nouvel Ordre) de Hitler était le même que celui du *New Deal* (Nouvelle Donne) de Roosevelt aux États-Unis. Les interrogateurs ont examiné et rejeté cette observation, ce qui est compréhensible. Cependant, quelques recherches suggèrent que non seulement les deux programmes sont assez similaires dans leur contenu, mais que les Allemands n'ont pas eu de mal à observer les similitudes. Il y a dans la bibliothèque Roosevelt un petit livre présenté à FDR par le Dr Helmut Magers en décembre 1933.¹⁵⁷ Sur la page de garde de cet exemplaire de présentation est inscrite l'inscription :

> Au président des États-Unis, Franklin D. Roosevelt, en profonde admiration pour sa conception d'un nouvel ordre économique et avec

---

¹⁵⁵ Ibid, p. 310.

¹⁵⁶ Ibid, p. 311.

¹⁵⁷ Helmut Magers, *Ein Revolutionar Aus Common Sense*, (Leipzig : R. Kittler Verlag, 1934).

dévotion pour sa personnalité. L'auteur, Baden, Allemagne, 9 novembre 1933.

La réponse de FDR à cette admiration pour son nouvel ordre économique a été la suivante[158] :

> *(Washington) 19 décembre 1933*
>
> *Mon cher Dr Magers : Je tiens à vous remercier pour l'exemplaire de votre petit livre sur moi et le "New Deal". Bien que, comme vous le savez, j'aie fait mes études en Allemagne et que j'aie pu parler allemand avec une aisance considérable à une époque, je lis votre livre non seulement avec beaucoup d'intérêt, mais aussi parce qu'il va m'aider à améliorer mon allemand.*
>
> *Très sincèrement,*

Le New Deal ou le "nouvel ordre économique" n'est pas une créature du libéralisme classique. C'était une créature du socialisme d'entreprise. Les grandes entreprises, telles qu'elles étaient représentées à Wall Street, s'efforçaient de mettre en place un ordre étatique leur permettant de contrôler l'industrie et d'éliminer la concurrence, et c'était là le cœur du New Deal de FDR. La General Electric, par exemple, est très présente dans l'Allemagne nazie et dans le New Deal. La General Electric allemande était un important financier d'Hitler et du parti nazi, et A.E.G. a également financé Hitler directement et indirectement par l'intermédiaire d'Osram.

International General Electric à New York a été un participant majeur dans la propriété et la direction d'A.E.G. et d'Osram. Gerard Swope, Owen Young et A. Baldwin de General Electric aux États-Unis ont été directeurs d'A.E.G. Cependant, l'histoire ne s'arrête pas à General Electric et au financement d'Hitler en 1933.

Dans un livre précédent, *Wall Street et la révolution bolchévique*, l'auteur a identifié le rôle de General Electric dans la révolution bolchévique et la localisation géographique des participants américains au 120 Broadway, New York City ; les bureaux exécutifs de General Electric se trouvaient également au 120 Broadway. Lorsque Franklin Delano Roosevelt travaillait à Wall Street, son adresse était également le 120 Broadway. En fait, la Georgia Warm Springs Foundation, la fondation FDR, était située au 120 Broadway. Le principal bailleur de fonds d'une des premières entreprises Roosevelt de Wall Street du 120

---

[158] Nixon, Edgar B., rédacteur, *Franklin D. Roosevelt and Foreign Affairs*, (Cambridge : The Belknap Press of Harvard University Press, 1969), Volume 1 : janvier 1933-février 1934. Bibliothèque Franklin D. Roosevelt. Hyde Park, New York.

Broadway était Gerard Swope de General Electric. Et c'est le "plan de Swope" qui est devenu le "New Deal" de Roosevelt - le plan fasciste qu'Herbert Hoover ne voulait pas imposer aux États-Unis. En bref, le Nouvel Ordre d'Hitler et le New Deal de Roosevelt étaient tous deux soutenus par les mêmes industriels et leur contenu était assez similaire - c'est-à-dire qu'il s'agissait de plans pour la formation d'un État corporatif.

Il y avait alors des ponts, à la fois corporatifs et individuels, entre l'Amérique de FDR et l'Allemagne d'Hitler. Le premier pont était celui de l'Américain I.G. Farben, filiale américaine de I.G. Farben, la plus grande entreprise allemande. Paul Warburg, de la Banque de Manhattan et de la Banque de Réserve Fédérale de New York, siégeait au conseil d'administration de l'américain I.G. Farben. Le deuxième "pont" était entre International General Electric, une filiale à 100% de la General Electric Company et sa filiale en partie allemande, A.E.G. Gerard Swope, qui a formulé le New Deal de FDR, était président d'I.G.E. et membre du conseil d'administration d'A.E.G. Le troisième "pont" était entre Standard Oil du New Jersey et Vacuum Oil et sa filiale allemande à 100%, Deutsche-Amerikanisehe Gesellschaft. Le président de la Standard Oil du New Jersey était Walter Teagle, de la Banque de Réserve Fédérale de New York. Il était administrateur de la Georgia Warm Springs Foundation de Franklin Delano Roosevelt et a été nommé par FDR à un poste administratif clé de la National Recovery Administration.

Ces sociétés ont été profondément impliquées dans la promotion du New Deal de Roosevelt et dans la construction de la puissance militaire de l'Allemagne nazie. Le rôle de Putzi Hanfstaengl dans les premiers temps, jusqu'au milieu des années 1930 en tout cas, était un lien informel entre l'élite nazie et la Maison-Blanche. Après le milieu des années 1930, lorsque le monde s'est mis sur la voie de la guerre, l'importance de Putzi a décliné - tandis que les grandes entreprises américaines continuaient d'être représentées par des intermédiaires tels que le baron Kurt von Schroder, l'avocat Westrick, et l'adhésion au Cercle des Amis de Himmler.

CHAPITRE IX

WALL STREET ET LE PREMIER CERCLE NAZI

> *Pendant toute la période de nos contacts d'affaires, nous n'avions aucune idée du rôle de complice de Farben dans la politique brutale d'Hitler. Nous offrons toute l'aide que nous pouvons apporter pour que la vérité complète soit mise en lumière et qu'une justice impartiale soit rendue.*
>
> (F. W. Abrams, président du conseil d'administration, Standard Oil of New Jersey, 1946).

Adolf Hitler, Hermann Goering, Josef Goebbels et Heinrich Himmler, le groupe intérieur du nazisme, étaient en même temps les chefs de fiefs mineurs au sein de l'État nazi. Des groupes de pouvoir ou des cliques politiques étaient centrés autour de ces dirigeants nazis, et surtout, après la fin des années 1930, autour d'Adolf Hitler et d'Heinrich Himmler, le chef du Reich des S.S. (le redoutable *Schutzstaffel*). Le plus important de ces cercles intérieurs nazis a été créé sur ordre du Führer ; il a d'abord été connu sous le nom de "Cercle Keppler", puis de "Cercle des amis de Himmler".

Le Cercle Keppler a été créé par un groupe d'hommes d'affaires allemands soutenant la montée au pouvoir de Hitler avant et pendant 1933. Au milieu des années 1930, le Cercle Keppler est passé sous l'influence et la protection du chef des S.S. Himmler et sous le contrôle organisationnel du banquier de Cologne et de l'éminent homme d'affaires nazi Kurt von Schroder. Schroder, on s'en souviendra, était à la tête de la banque J.H. Stein en Allemagne et affiliée à la L. Henry Schroder Banking Corporation de New York. C'est au sein de ces cercles les plus intimes, le noyau même du nazisme, que nous trouvons Wall Street, y compris la Standard Oil du New Jersey et I.T.T., représentée de 1933 à 1944.

Wilhelm Keppler, fondateur du premier Cercle des amis, illustre le phénomène bien connu de l'homme d'affaires politisé - c'est-à-dire un homme d'affaires qui arpente l'arène politique plutôt que le marché libre pour réaliser ses profits. Ces hommes d'affaires s'intéressent à la promotion des causes socialistes, car une société socialiste planifiée offre une possibilité de contrats plus lucratifs grâce à l'influence politique.

Sentant de telles possibilités de profit, Keppler rejoint les national-socialistes et est proche d'Hitler avant 1933. Le Cercle des amis est né d'une rencontre entre Adolf Hitler et Wilhelm Keppler en décembre 1931. Au cours de leur conversation - c'était plusieurs années avant que Hitler ne devienne dictateur - le futur Führer a exprimé le souhait d'avoir des hommes d'affaires allemands fiables à disposition pour des conseils économiques lorsque les nazis prendront le pouvoir. "Essayez d'obtenir quelques dirigeants économiques - ils ne doivent pas nécessairement être membres du Parti - qui seront à notre disposition lorsque nous prendrons le pouvoir.[159] C'est ce que Keppler s'est engagé à faire.

En mars 1933, Keppler est élu au Reichstag et devient l'expert financier de Hitler. Cela n'a duré que brièvement. Keppler fut remplacé par l'infiniment plus compétent Hjalmar Schacht, et envoyé en Autriche où il devint en 1938 commissaire du Reich, mais put encore utiliser sa position pour acquérir un pouvoir considérable dans l'État nazi. En quelques années, il s'empare d'une série de postes de direction lucratifs dans des entreprises allemandes, dont celui de président du conseil d'administration de deux filiales d'I.G. Farben : Braunkohle-Benzin A.G. et Kontinental Oil A.G. Braunkohle-Benzin était l'exploitant allemand de la technologie de Standard Oil of New Jersey pour la production d'essence à partir du charbon. (Voir le chapitre quatre).

En bref, Keppler a fait la guerre au président de la même entreprise qui a utilisé la technologie américaine pour l'indispensable essence synthétique qui a permis à la Wehrmacht d'entrer en guerre en 1939. Ce fait est significatif car, associé aux autres preuves présentées dans ce chapitre, il suggère que les profits et le contrôle de ces technologies fondamentalement importantes à des fins militaires allemandes ont été conservés par un petit groupe de sociétés et d'hommes d'affaires internationaux opérant au-delà des frontières nationales.

Le neveu de Keppler, Fritz Kranefuss, sous la protection de son oncle, s'est également fait connaître en tant qu'adjudant du chef S.S. Heinrich Himmler et en tant qu'homme d'affaires et opérateur politique. C'est le

---

[159] Extrait de la déclaration sous serment de Wilhem Keppler, *NMT*, Volume VI, p. 285.

lien de Kranefuss avec Himmler qui a conduit le cercle Keppler à s'éloigner progressivement d'Hitler dans les années 1930 pour se rapprocher de l'orbite de Himmler, où en échange de dons annuels aux projets S.S. de Himmler, les membres du cercle recevaient des faveurs politiques et une protection non négligeable de la part des S.S.

Le baron Kurt von Schroder était, comme nous l'avons noté, le représentant de l'I.T.T. dans l'Allemagne nazie et un des premiers membres du Cercle Keppler. Le premier cercle Keppler était composé de

LES MEMBRES ORIGINAUX (AVANT 1932) DU CERCLE KEPPLER

Membre du cercle	Principales associations
Wilhelm KEPPLER	Président de Braunkohle-Benzin A.G., filiale d'I.G. Farben (exploitée par Standard Oil of N.J., technologie du pétrole tiré du charbon)
Fritz KRANEFUSS	Neveu de Keppler et adjudant de Heinrich Himmler. Sur le stand de BRABAG
Kurt von SCHRODER	À bord de toutes les filiales internationales de téléphonie et de télégraphie en Allemagne
Karl Vincenz KROGMANN	Maire de Hambourg
Août ROSTERG	Directeur général de WINTERSHALL
Otto STEINBRINCK	Vice-président de VEREINIGTE STAHLWERKE (cartel de l'acier fondé avec des prêts de Wall Street en 1926)
Hjalmar SCHACHT	Président de la REICHSBANK
Emil HELFFRICH	Président du conseil d'administration de GERMAN-AMERICAN PETROLEUM CO. (détenue à 94% par Standard Oil du New Jersey) (voir ci-dessus sous Wilhelm Keppler)
Friedrich REINHARDT	Président du conseil d'administration COMMERZBANK
Ewald HECKER	Président du conseil d'administration d'ILSEDER HUTTE
Graf von BISMARCK	Président du gouvernement du STETTIN

LE CERCLE DES AMIS DE LA S.S.

Le premier Cercle des Amis a rencontré Hitler en mai 1932 et a entendu une déclaration des objectifs nazis. Heinrich Himmler participa alors fréquemment à ces réunions et, par son intermédiaire, divers officiers S.S. ainsi que d'autres hommes d'affaires se joignirent au groupe. Ce groupe s'est élargi au fil du temps pour devenir le Cercle des amis de Himmler, Himmler agissant comme protecteur et facilitateur pour ses membres.

Par conséquent, les intérêts bancaires et industriels - étaient fortement représentés dans le cercle restreint du nazisme, et leurs contributions financières d'avant 1933 à l'hitlérisme, que nous avons énumérées précédemment, ont été amplement remboursées. Parmi les "cinq grandes" banques allemandes, la Dresdner Bank avait les liens les plus étroits avec le parti nazi : au moins une douzaine de membres du conseil d'administration de la Dresdner Bank occupaient un haut rang nazi et pas moins de sept directeurs de la Dresdner Bank faisaient partie du cercle élargi des amis de Keppler, qui n'a jamais dépassé 40.

Lorsque l'on examine les noms comprenant à la fois le cercle Keppler d'origine d'avant 1933 et le cercle Keppler et Himmler élargi d'après 1933, on constate que les multinationales de Wall Street sont fortement représentées - plus que tout autre groupe institutionnel. Prenons chaque multinationale de Wall Street ou son associé allemand à tour de rôle - ceux identifiés au chapitre sept comme étant liés au financement d'Hitler - et examinons leurs liens avec Keppler et Heinrich Himmler.

I.G. FARBEN ET LE CERCLE KEPPLER

I.G. Farben était fortement représenté au sein du cercle Keppler : pas moins de huit des 40 membres du cercle rapproché étaient des directeurs d'I.G. Farben ou d'une filiale de Farben. Parmi ces huit membres figuraient, outre le baron Kurt von Schroder, Wilhelm Keppler et son neveu Kranefuss, décrits précédemment. La présence de Farben a été soulignée par le membre Hermann Schmitz, président de I.G. Farben et directeur de Vereinigte Stahlwerke, deux cartels construits et consolidés par les prêts de Wall Street des années 1920. Un rapport du Congrès américain a décrit Hermann Schmitz comme suit :

> *Hermann Schmitz, l'une des personnalités les plus importantes d'Allemagne, a remporté des succès remarquables simultanément dans les trois domaines distincts que sont l'industrie, la finance et le gouvernement, et a servi avec zèle et dévouement tous les gouvernements*

au pouvoir. Il symbolise le citoyen allemand qui, à partir des ravages de la Première Guerre mondiale, a rendu possible la Seconde.

Ironiquement, on peut dire que sa culpabilité est d'autant plus grande qu'en 1919, il était membre de la délégation pour la paix du Reich et que, dans les années 1930, il a été en mesure d'apprendre aux nazis ce qu'ils devaient savoir concernant la pénétration économique, les utilisations des cartels, les matériaux synthétiques pour la guerre.[160]

Friedrich Flick, créateur du cartel de l'acier Vereinigte Stahlwerke et directeur d'Allianz Versicherungs A.G. et de German General Electric (A.E.G.), était un autre membre du Keppler Circle au sein du conseil d'administration d'I.G. Farben.

Heinrich Schmidt, directeur de la Dresdner Bank et président du conseil d'administration de Braunkohle-Benzin A.G., filiale d'I.G. Farben, était dans le cercle ; tout comme Karl Rasehe, autre directeur de la Dresdner Bank et directeur de la Metallgesellschaft (société mère de la Delbruck Schickler Bank) et des Accumulatoren-Fabriken A.G. Heinrich Buetefisch était également directeur d'I.G. Farben et membre du cercle Keppler. En bref, la contribution d'I.G. Farben à la Caisse nationale de Rudolf Hess - la caisse noire politique - a été confirmée après la prise de pouvoir de 1933 par une forte représentation dans le cercle intérieur nazi.

Combien de ces membres du Keppler Circle dans le complexe I.G. Farben étaient affiliés à Wall Street ?

LES MEMBRES DU PREMIER CERCLE DE KEPPLER ASSOCIÉ AUX MULTINATIONALES AMÉRICAINES

Membre du Cercle Keppler	I.G. Farben	I.T.T.	Standard Oil du New Jersey	General Electric
Wilhelm KEPPLER	Président de BRABAG, filiale de Farben		—	
Fritz KRANEFUSS	Sur Aufsichrat de BRABAG		—	

---

[160] *Élimination des ressources allemandes*, p. 869.

Emil Heinrich MEYER	Présent au sein de toutes les filiales allemandes de I.T.T : Standard/Mix & Genest/Lorenz	—	Conseil d'administration de l'A.E.G.
Emil HELFFRICH		Président de la DAPAG (détenue à 94% par le Standard du New Jersey)	
Friedrich FLICK	I.G. Farben	—	— Conseil d'administration de l'A.E.G.
Kurt von SCHRODER	À bord de toutes les filiales I.T.T. en Allemagne		

De même, nous pouvons identifier d'autres institutions de Wall Street représentées dans le premier cercle des amis de Keppler, confirmant leurs contributions monétaires au Fonds de Tutelle National géré par Rudolf Hess au nom d'Adolf Hitler. Ces représentants étaient Emil Heinrich Meyer et le banquier Kurt von Schroder au sein des conseils d'administration de toutes les filiales I.T.T. en Allemagne, et Emil Helffrich, le président du conseil d'administration de la DAPAG, détenue à 94% par la Standard Oil du New Jersey.

WALL STREET DANS LE CERCLE S.S.

Les grandes multinationales américaines étaient également très bien représentées dans le futur Cercle d'Heinrich Himmler et ont apporté des contributions en espèces aux S.S. (au Sonder Konto S) jusqu'en 1944 - alors que la Seconde Guerre mondiale était en cours.

Près d'un quart des contributions faites au Sonder Konto S de 1944 provenaient des filiales de International Telephone and Telegraph, représentées par Kurt von Schröder. Les versements de 1943 des filiales de l'I.T.T. au compte spécial ont été les suivants :

Mix & Genest A.G.   5.000 RM

C. Lorenz AG	20.000 RM
Felten & Guilleaume25.	25.000 RM
Kurt von Schroder	16.000 RM

Et les paiements de 1944 l'ont été :

Mix & Genest A.G .	5.000 RM
C. Lorenz AG	20.000 RM
Felten & Guilleaume20.	25.000 RM
Kurt von Schroder	16.000 RM

Sosthenes Behn, de International Telephone and Telegraph, a transféré le contrôle de Mix & Genest, de C. Lorenz, et des autres intérêts de Standard Telephone en Allemagne à Kurt von Schroder - qui était un membre fondateur du Keppler Circle et l'organisateur et le trésorier du Cercle des Amis de Himmler. Emil H. Meyer, S.S. Untersturmführer, membre du Vorstand de la Dresdner Bank, A.E.G., et directeur de toutes les filiales d'I.T.T. en Allemagne, était également membre du Cercle des Amis de Himmler - donnant à I.T.T. deux puissants représentants au cœur de la S.S.

Une lettre du baron von Schroder à son confrère Emil Meyer, datée du 25 février 1936, décrit les objectifs et les exigences du cercle Himmler et la nature ancienne du compte spécial "S" avec des fonds dans la propre banque de Schroder - la J,H. Stein Bank de Cologne :

Au Prof. Dr Emil H. Meyer

Berlin, 25 février 1936 (écriture illisible)

S.S. (Untersturmführer) (sous-lieutenant) Membre du conseil d'administration (Vorstand) de la Dresdner Bank

Berlin W. 56, Behrenstr. 38

Personnel !

Au Cercle des Amis du Leader du Reich SS,

À l'issue de la tournée d'inspection de 2 jours à Munich à laquelle le Chef du Reich SS nous avait conviés en janvier dernier, le Cercle des Amis a accepté de mettre - chacun selon ses moyens - à la disposition du Chef du Reich sur le "Compte spécial S" (Sonder Konto S), à établir auprès de la société bancaire J.H. Stein à Cologne, des fonds qui doivent être utilisés pour certaines tâches en dehors du budget.

Cela devrait permettre au chef du Reich de s'appuyer sur tous ses amis. À Munich, il a été décidé que les soussignés se rendraient disponibles pour la création et la gestion de ce compte. Entre-temps, le compte a été ouvert et nous voulons que chaque participant sache que s'il souhaite apporter des contributions au Leader du Reich pour les tâches susmentionnées - soit au nom de son entreprise, soit au nom du Cercle des Amis - il peut effectuer des paiements à la société bancaire J.H. Stein, Cologne (compte de compensation de la Banque du Reich, compte de chèques postaux n° 1392) sur le compte spécial S.

Heil Hitler !

(Signé) Kurt Baron von Sehroder
(Signé) Steinbrinck[161]

Cette lettre explique également pourquoi le colonel Bogdan de l'armée américaine, anciennement de la Schroder Banking Corporation à New York, était soucieux de détourner l'attention des enquêteurs de l'armée américaine de l'après-guerre de la banque J. H. Stein à Cologne vers les "grandes banques" de l'Allemagne nazie. C'est la banque Stein qui détenait les secrets des associations des filiales américaines avec les autorités nazies pendant la Seconde Guerre mondiale. Les intérêts financiers new-yorkais ne pouvaient pas connaître la nature précise de ces transactions (et en particulier la nature des documents qui auraient pu être conservés par leurs associés allemands), mais ils savaient qu'il pourrait bien exister des traces de leurs transactions en temps de guerre - suffisamment pour les embarrasser auprès du public américain. C'est cette possibilité que le colonel Bogdan a tenté sans succès d'écarter.

La General Electric allemande a largement profité de son association avec Himmler et d'autres nazis de premier plan. Plusieurs membres de la clique Schroder étaient directeurs de l'A.E.G., le plus éminent étant Robert Pferdmenges, qui était non seulement membre des cercles Keppler ou Himmler mais aussi partenaire de la maison bancaire aryanisée Pferdmenges & Company, le successeur de l'ancienne maison bancaire juive Sal. Oppenheim de Cologne. Waldemar von Oppenheim a obtenu la distinction douteuse (pour un Juif allemand) de "Aryen honoraire" et a pu poursuivre l'activité de son ancienne maison bancaire établie sous Hitler en partenariat avec Pferdmenges.

---

[161] *NMT*, Volume VII, p. 238. "Traduction du document N1-10103, pièce à conviction 788." Lettre de von Schroder et de l'accusé Steinbrinck au Dr Meyer, fonctionnaire de la Dresdner Bank, le 25 février 1936, notant que le Cercle des Amis mettrait des fonds à la disposition de Himmler "pour certaines tâches en dehors du budget" et avait créé un "compte spécial à cet effet".

MEMBRES DU CERCLE D'AMIS DE HIMMLER QUI ÉTAIENT ÉGALEMENT DIRECTEURS DE SOCIÉTÉS AFFILIÉES AUX ÉTATS-UNIS :

	I.G. Farben	I.T.T.	A.E.G.	Standard Oil du New Jersey
KRANEFUSS, Fritz	X			
KEPPLER, Wilhelm	X			
SCHRODER, Kurt	X			
Von BUETEFISCH, Heinrich		X		
RASCHE, Dr. Karl	X			
FLICK, Friedrich	X		X	
LINDEMANN, Karl				X
SCHMIDT, Heinrich	X			
ROEHNERT, Kellmuth			X	
SCHMIDT, Kurt			X	
MEYER, Dr. Emil		X		
SCHMITZ, Hermann	X			

Pferdmenges était également directeur de l'A.E.G. et a utilisé son influence nazie à bon escient.[162]

Deux autres directeurs de la General Electric allemande étaient membres du Cercle des amis de Himmler et ont fait des contributions monétaires au Sonder Konto S en 1943 et 1944 :

Friedrich Flick   100.000 RM

Otto Steinbrinck (un associé de Flick)   100.000 RM

Kurt Schmitt était président du conseil d'administration de l'A.E.G. et membre du cercle des amis de Himmler, mais le nom de Schmitt n'est pas inscrit sur la liste des paiements pour 1943 ou 1944.

---

[162] Élimination des ressources allemandes, p. 857.

Standard Oil du New Jersey a également apporté une contribution importante au compte spécial de Himmler par l'intermédiaire de sa filiale allemande, Deutsche-Amerikanische Gesellschaft (DAG), qu'elle détient à 94%. En 1943 et 1944, la DAG a apporté les contributions suivantes :

Le conseiller d'État Helfferich de German-American Petroleum A.G.	10.000 RM
Le conseiller d'État Lindemann de German-American Petroleum A.G	10.000 RM
et personnellement	4.000 RM

Tableau 9-1 : Représentation de Wall Street dans les cercles de Keppler et de Himmler, 1933 et 1944

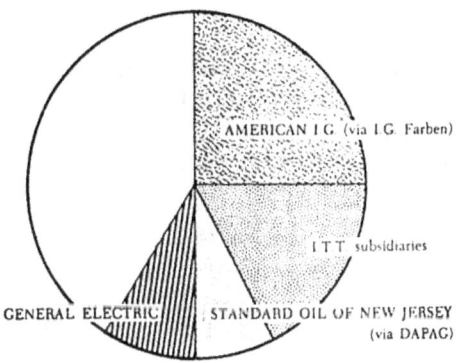

REPRÉSENTATION DE WALL STREET DANS LE CERCLE D'AMIS DE KEPPLER
(basée sur la déclaration de Keppler en 1933, relative aux membres)

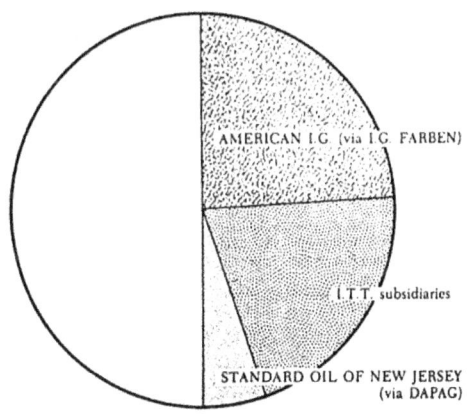

REPRÉSENTATION DE WALL STREET DANS LE CERCLE D'AMIS DE HIMMLER
(basée sur les contributions faites à Himmler en 1944)

Il est important de noter que le Staatsrat Lindemann a apporté une contribution personnelle de 4000 RM, faisant ainsi une distinction claire entre la contribution de 10 000 RM de la filiale à 100% de Standard Oil of New Jersey et la contribution personnelle du directeur Lindemann. Dans le cas du Staatsrat Hellfrich, la seule contribution a été celle de Standard Oil de 10 000 RM ; il n'y a pas de don personnel enregistré.

I.G. Farben, société mère d'American I.G. (voir chapitre 2), a également contribué de manière significative à la Sonder Konto S de Heinrich Himmler en la dotant de quatre administrateurs : Karl Rasehe, Fritz Kranefuss, Heinrich Schmidt et Heinrich Buetefisch. Karl Rasche était membre du comité de direction de la Dresdner Bank et un spécialiste du droit bancaire international. Sous Hitler, Karl Rasche est devenu un directeur éminent de nombreuses sociétés allemandes, dont Accumulatoren-Fabrik A.G. à Berlin, qui a financé Hitler, la Metallgesellschaft et Felten & Guilleame, une société de technologie de l'information. Fritz Kranefuss a été membre du conseil d'administration de la Dresdner Bank et administrateur de plusieurs sociétés, outre I.G. Farben. Kranefuss, neveu de Wilhelm Keppler, était avocat et jouait un rôle important dans de nombreuses organisations publiques nazies. Heinrich Schmidt, directeur de I.G. Farben et de plusieurs autres sociétés allemandes, était également directeur de la Dresdner Bank.

Il est important de noter que ces trois personnes - Rasche, Kranefuss et Schmidt - étaient les directeurs d'une filiale d'I.G. Farben, Braunkohle-Benzin A.G. - le fabricant allemand d'essence synthétique utilisant la technologie Standard Oil, résultat des accords I.G. Farben-Standard Oil du début des années 1930.

En bref, l'élite financière de Wall Street était bien représentée dans les premiers cercles Keppler et dans les cercles Himmler ultérieurs.[163]

---

[163] La nature significative de cette représentation est reflétée dans le graphique 8-1, "Représentation de Wall Street dans les cercles Keppler et Himmler, 1933 et 1944".

CHAPITRE X

LE MYTHE DE "SIDNEY WARBURG"

La question vitale, qui n'est que partiellement résolue, est de savoir dans quelle mesure l'accession d'Hitler au pouvoir en 1933 a été aidée directement par les financiers de Wall Street. Nous avons montré, à l'aide de documents originaux, qu'il y a eu une participation et un soutien indirects des Américains par l'intermédiaire de sociétés allemandes affiliées et (comme par exemple dans le cas de I.T.T.) qu'il y a eu un effort conscient et délibéré pour bénéficier du soutien du régime nazi. Ce financement indirect a-t-il été étendu au financement direct ?

Après l'arrivée au pouvoir d'Hitler, des entreprises et des particuliers américains ont travaillé au nom du nazisme et ont certainement profité de l'État nazi. Nous savons, grâce aux journaux intimes de William Dodd, l'ambassadeur américain en Allemagne, qu'en 1933, un flot de banquiers et d'industriels de Wall Street se sont présentés à l'ambassade américaine à Berlin, exprimant leur admiration pour Adolf Hitler - et désireux de trouver des moyens de faire des affaires avec le nouveau régime totalitaire. Par exemple, le 1ᵉʳ septembre 1933, Dodd rapporte que Henry Mann de la National City Bank et Winthrop W. Aldrich de la Chase Bank ont tous deux rencontré Hitler et "ces banquiers estiment qu'ils peuvent travailler avec lui".[164] Ivy Lee, l'agent des relations publiques de Rockefeller, selon Dodd, "s'est montré à la fois capitaliste et favorable au fascisme".[165]

Nous pouvons donc au moins noter un accueil sympathique à la nouvelle dictature nazie, qui rappelle la manière dont les banquiers internationaux de Wall Street ont salué la nouvelle Russie de Lénine et Trotsky en 1917.

---

[164] William E. Dodd, *Journal de l'ambassadeur Dodd*, op. cit. p. 31.

[165] Ibid, p. 74.

QUI ÉTAIT "SIDNEY WARBURG" ?

La question posée dans ce chapitre est l'accusation que certains financiers de Wall Street (les Rockefeller et Warburg ont été spécifiquement désignés) ont directement planifié et financé la prise de contrôle d'Hitler en 1933, et qu'ils l'ont fait depuis Wall Street. Sur cette question, le soi-disant mythe de "Sidney Warburg" est pertinent. L'éminent nazi Franz von Papen a déclaré dans ses *Mémoires*[166] :

> ... *le récit le plus documenté de l'acquisition soudaine de fonds par les nationaux-socialistes est contenu dans un livre publié en Hollande en 1933, par l'ancienne maison d'édition d'Amsterdam Van Holkema & Warendorf, intitulé De Geldbronnen van Het Nationaal-Socialisme (Drie Gesprekken Met Hitler) sous le nom de "Sidney Warburg".*

Un livre portant ce titre en hollandais par "Sidney Warburg" fut en effet publié en 1933, mais ne resta sur les étals de livres en Hollande que quelques jours. Le livre fut détruit et retiré des ventes.[167] L'un des trois exemplaires originaux survivants a été traduit en anglais. La traduction a été déposée à un moment donné au British Museum, mais elle est maintenant retirée de la circulation publique et n'est pas disponible pour la recherche. On ne sait rien de l'exemplaire original néerlandais sur lequel cette traduction anglaise était basée.

Le deuxième exemplaire néerlandais appartenait au chancelier Schussnigg en Autriche, et on ne sait rien de son emplacement actuel. Le troisième exemplaire néerlandais a été acheminé en Suisse et a été traduit

---

[166] Franz von Papen, *Mémoires*, (New York : E.P. Dutton & Co., 1953), p. 229.

[167] Le texte anglais de ce chapitre est traduit d'une traduction allemande authentifiée d'un exemplaire de l'édition néerlandaise de *De Geldbronnen van Het Nationaal-Socialisme (Drie Gesprekken Met Hitler)*, ou *Les sources financières du national-socialisme (Trois conversations avec Hitler)*. L'auteur néerlandais original est donné comme "Door Sidney Warburg, vertaald door I.G. Shoup" (Par Sidney Warburg, tel que raconté par I.G. Shoup).

La copie utilisée ici a été traduite des Pays-Bas par le Dr Walter Nelz, Wilhelm Peter et René Sonderegger à Zurich, le 11 février 1947, et la traduction allemande porte une déclaration sous serment selon laquelle "Les trois témoins soussignés vérifient que le document d'accompagnement n'est autre qu'une traduction fidèle et littérale du néerlandais vers l'allemand du livre de Sidney Warburg, dont un exemplaire a été constamment mis à leur disposition pendant tout le processus de traduction. Ils attestent qu'ils ont tenu cet original entre leurs mains, et qu'ils l'ont lu au mieux de leurs capacités, phrase par phrase, en le traduisant en allemand, comparant ensuite le contenu de la traduction d'accompagnement à l'original en toute conscience jusqu'à ce qu'un accord complet soit trouvé".

en allemand. La traduction allemande a survécu jusqu'à nos jours dans les archives sociales suisses à Zurich, en Suisse. Une copie certifiée conforme de la traduction allemande authentifiée de ce survivant suisse a été achetée par l'auteur en 1971 et traduite en anglais. C'est sur cette traduction anglaise de la traduction allemande que se fonde le texte de ce chapitre.

La publication du livre de "Sidney Warburg" a été dûment rapportée dans le *New York Times* (24 novembre 1933) sous le titre "on redoute un canular sur les nazis". Un bref article signale qu'un pamphlet de "Sidney Warburg" a été publié en Hollande, et que l'auteur n'est pas le fils de Felix Warburg. Le traducteur est J. G. Shoup, un journaliste belge vivant en Hollande. Les éditeurs et Shoup "se demandent s'ils n'ont pas été victimes d'un canular". Le compte-rendu du *Times* ajoute :

> Le pamphlet répète une vieille histoire selon laquelle des Américains de premier plan, dont John D. Rockefeller, ont financé Hitler de 1929 à 1932 à hauteur de 32 millions de dollars, leur motif étant "de libérer l'Allemagne de l'emprise financière de la France en provoquant une révolution". De nombreux lecteurs du pamphlet ont fait remarquer qu'il contient de nombreuses inexactitudes.

Pourquoi l'original néerlandais a-t-il été retiré de la circulation en 1933 ? Parce que "Sidney Warburg" n'existait pas et qu'un "Sidney Warburg" était revendiqué comme auteur. Depuis 1933, le livre de "Sidney Warburg" a été présenté par diverses parties comme un faux ou comme un document authentique. La famille Warburg elle-même s'est donné beaucoup de mal pour prouver sa fausseté.

Que dit le livre ? Selon le livre, que s'est-il passé en Allemagne au début des années 1930 ? Et ces événements ont-ils une quelconque ressemblance avec des faits que nous savons être vrais d'après d'autres preuves ?

Du point de vue de la méthodologie de recherche, il est préférable de supposer que le livre de "Sidney Warburg" est un faux, à moins que nous ne puissions prouver le contraire. C'est la procédure que nous allons adopter. Le lecteur pourrait bien se demander - alors pourquoi prendre la peine d'examiner de près une éventuelle contrefaçon ? Il y a au moins deux bonnes raisons, en dehors de la curiosité académique.

Tout d'abord, les Warburg prétendent que le livre est un faux et ce par quoi il justifie leur dénégation présente une curieuse défaillance. Les Warburg qualifient de faux un livre qu'ils admettent ne pas avoir lu ni même vu. La dénégation des Warburg se limite spécifiquement à dénoncer qu'il ait pu être rédigé par un Warburg. Cette négation est acceptable, mais elle ne nie ni ne rejette la validité du contenu. La dénégation ne fait que répudier la paternité du livre.

Deuxièmement, nous avons déjà identifié I.G. Farben comme un financier et un bailleur de fonds clé d'Hitler. Nous avons fourni des preuves photographiques du bordereau de virement bancaire de 400 000 marks de I.G. Farben sur le compte de la caisse noire politique "Nationale Treuhand" de Hitler, géré par Rudolf Hess. Il est maintenant probable et presque certain, que "Sidney Warburg" n'existait pas. D'autre part, il est de notoriété publique que les Warburg étaient étroitement liés à la gestion d'I.G. Farben en Allemagne et aux États-Unis. En Allemagne, Max Warburg était un directeur de I.G. Farben et aux États-Unis, le frère Paul Warburg (père de James Paul Warburg) était un directeur de l'américain I.G. Farben. En bref, nous avons des preuves irréfutables que certains Warburg, dont le père de James Paul, le dénonciateur du livre "Sidney Warburg", étaient des directeurs de I.G. Farben. Et I.G. Farben est connu pour avoir financé Hitler. "Sidney Warburg" était peut-être un mythe, mais les dirigeants de I.G. Farben, Max Warburg et Paul Warburg, étaient eux, bien réels. C'est une raison suffisante pour aller plus loin.

Résumons d'abord le livre que James Paul Warburg prétend être un faux.

Synopsis du livre de "Sidney Warburg" supprimé

Les sources financières du national-socialisme[168] s'ouvre sur une prétendue conversation entre "Sidney Warburg" et le co-auteur/traducteur I.G. Shoup. "Warburg" raconte pourquoi il remettait à Shoup un manuscrit en anglais pour traduction en néerlandais et publication en Hollande, selon les termes du mythique "Sidney Warburg" :

> *Il y a des moments où je veux me détourner d'un monde où règnent l'intrigue, la ruse, l'escroquerie et la manipulation de la bourse... Savez-vous ce que je ne pourrai jamais comprendre ? Comment il est possible que des personnes de bonne et honnête moralité - pour lesquelles j'ai de*

---

[168] La version anglaise est éditée par Omnia Veritas Ltd, sous le titre *Hitler's Secret Backers, the Financial Sources of National Socialism*. www.omnia-veritas.com.

nombreuses preuves - participent à des escroqueries et à des fraudes, sachant pertinemment que cela touchera des milliers de personnes.

Shoup décrit ensuite "Sidney Warburg" comme "le fils d'un des plus grands banquiers des États-Unis, membre de la société bancaire Kuhn, Loeb & Co. de New York". "Sidney Warburg" dit ensuite à Shoup qu'il ("Warburg") veut témoigner pour l'histoire sur la manière dont le national-socialisme a été financé par les financiers de New York.

La première partie du livre s'intitule simplement *"1929"*. Elle relate qu'en 1929, Wall Street avait d'énormes crédits en cours en Allemagne et en Autriche, et que ces créances avaient, pour la plupart, été gelées. Alors que la France était économiquement faible et redoutait l'Allemagne, elle recevait également la "part du lion" des fonds de réparation qui étaient en fait financés par les États-Unis. En juin 1929, une réunion a eu lieu entre les membres de la Banque de la Réserve Fédérale et les principaux banquiers américains afin de décider de ce qu'il convenait de faire au sujet de la France, et en particulier d'appuyer son recours aux réparations allemandes. Cette réunion a réuni (selon le livre "Warburg") les directeurs de la Guaranty Trust Company, les "présidents" des banques de la Réserve Fédérale, ainsi que cinq banquiers indépendants, le "jeune Rockefeller" et Glean de la Royal Dutch Shell. Carter et Rockefeller ont, selon le texte, "dominé les débats. Les autres ont écouté et se sont contenté de hocher la tête".

Le consensus général lors de la réunion des banquiers était que la seule façon de libérer l'Allemagne des griffes financières françaises était une révolution, soit communiste, soit nationaliste allemande. Lors d'une réunion précédente, il avait été convenu de contacter Hitler pour "essayer de savoir s'il était prêt à recevoir un soutien financier américain". Or, Rockefeller aurait vu plus récemment un tract germano-américain sur le mouvement national-socialiste d'Hitler et le but de cette deuxième réunion était de déterminer si "Sidney Warburg" était prêt à se rendre en Allemagne comme messager pour prendre contact personnellement avec Hitler.

En échange d'un soutien financier, Hitler devait mener une "politique étrangère agressive et susciter l'idée d'une vengeance contre la France". Cette politique, pensait-on, devait déboucher sur un appel de la France aux États-Unis et à l'Angleterre pour obtenir leur aide dans "les questions internationales concernant l'éventuelle agression allemande". Hitler ne devait pas connaître le but de l'assistance de Wall Street. Il serait laissé *"à sa raison et à son ingéniosité de découvrir les motifs de la proposition"*. "Warburg" accepta la mission proposée et quitta New York pour Cherbourg sur le paquebot Île de France, "avec un passeport diplomatique et des lettres de recommandation de Carter, Tommy Walker, Rockefeller, Glean et Herbert Hoover".

Apparemment, "Sidney Warburg" a eu quelques difficultés à rencontrer Hitler. Le consul américain à Munich n'a pas réussi à prendre contact avec les nazis, et finalement Warburg s'est adressé directement au maire Deutzberg de Munich, "avec une recommandation du consul américain", et un appel à orienter Warburg vers Hitler. Shoup présente ensuite des extraits des déclarations de Hitler lors de cette première rencontre. Ces extraits comprennent les habituelles divagations antisémites hitlériennes, et il faut noter que toutes les parties antisémitiques du livre "Sidney Warburg" sont prononcées par Hitler. (Ceci est important car James Paul Warburg prétend que le livre de Shoup est totalement antisémite). Le financement des nazis a été discuté lors de cette réunion et Hitler aurait insisté sur le fait que les fonds ne pouvaient pas être déposés dans une banque allemande mais seulement dans une banque étrangère à sa disposition. Hitler a demandé 100 millions de marks et a suggéré que "Sidney Warburg" fasse un rapport sur la réaction de Wall Street par l'intermédiaire de von Heydt à Lutzowufer, 18 Berlin.[169]

Après avoir fait son rapport à Wall Street, Warburg a appris que 24 millions de dollars étaient une somme trop élevée pour les banquiers américains ; ils ont offert 10 millions de dollars. Warburg contacte von Heydt et une nouvelle rencontre est organisée, cette fois avec un "homme à l'allure peu distinguée, qui m'a été présenté sous le nom de Frey". Des instructions ont été données pour mettre 10 millions de dollars à la disposition de la société Mendelsohn & Co. Bank à Amsterdam, en Hollande. Warburg devait demander à la banque Mendelsohn d'établir des chèques en marks à l'ordre de nazis nommés dans dix villes allemandes.

Par la suite, Warburg s'est rendu à Amsterdam, a accompli sa mission avec Mendelsohn & Co. puis s'est rendu à Southampton, en Angleterre, et fut ramené à New York par le navire *Olympia* où il rendit son rapport à Carter de la Guaranty Trust Company. Deux jours plus tard, Warburg transmit son rapport à l'ensemble du groupe de Wall Street, mais "cette fois, un représentant anglais était assis à côté de Glean de la Royal Dutch, un homme nommé Angell, l'un des dirigeants de l'Asiatic Petroleum Co.

---

[169] Notez que "von Heydt" était le nom original de la Dutch Bank voor Handel en Seheepvaart N.V., une filiale des intérêts de Thyssen et dont on sait maintenant qu'elle a servi d'entonnoir pour les fonds nazis. Voir "*Élimination des ressources allemandes*".

Warburg fut interrogé sur Hitler, et "Rockefeller montra un intérêt inhabituel pour les déclarations d'Hitler sur les communistes".

Quelques semaines après le retour de Warburg d'Europe, les journaux de Hearst ont montré un "intérêt inhabituel" pour le nouveau parti nazi allemand et même le *New York Times* a publié régulièrement de courts reportages sur les discours d'Hitler. Auparavant, ces journaux n'avaient pas montré un intérêt trop marqué, mais cela a changé.[170] De plus, en décembre 1929, une longue étude sur le mouvement national-socialiste allemand parut "dans une publication mensuelle de l'université de Harvard".

La deuxième partie de l'ouvrage supprimé *Les sources financières du national-socialisme* est intitulée "1931" et s'ouvre sur une discussion de l'influence française sur la politique internationale. Elle affirme qu'Herbert Hoover a promis à Pierre Laval de France de ne pas résoudre la question de la dette sans consulter au préalable le gouvernement français et [écrit Shoup] :

> Lorsque Wall Street a découvert cela, Hoover a perdu d'un seul coup le respect de ce cercle. Même les élections suivantes ont été affectées - beaucoup pensent que l'échec de Hoover à se faire réélire peut être attribué à cette question.[171]

En octobre 1931, Warburg reçoit une lettre d'Hitler qu'il transmet à Carter de la Guaranty Trust Company, puis une autre réunion de banquiers est convoquée dans les bureaux de la Guaranty Trust Company. Les avis étaient partagés lors de cette réunion. "Sidney Warburg" rapporta que Rockefeller, Carter et McBean étaient pour Hitler, tandis que les autres financiers étaient incertains. Montague Norman de la Banque d'Angleterre et Glean de la Royal Dutch Shell soutinrent que les 10 millions de dollars déjà dépensés pour Hitler étaient trop importants et qu'Hitler ne passerait jamais à l'action. Les participants à la réunion se mirent finalement d'accord sur le principe

---

[170] L'examen de l'index du *New York Times* confirme l'exactitude de la dernière partie de cette déclaration. Voir par exemple la soudaine ruée d'intérêt du *New York Times*, le 15 septembre 1930 et l'article de fond sur "Hitler, force motrice du fascisme allemand" dans le numéro du 21 septembre 1930 du *New York Times*. En 1929, le *New York Times* n'a publié qu'un seul bref article sur Adolf Hitler. En 1931, il publia une vingtaine d'articles importants, dont pas moins de trois "Portraits".

[171] Hoover a déclaré qu'il avait perdu le soutien de Wall Street en 1931 parce qu'il ne voulait pas suivre son plan pour un New Deal : voir Antony C. Sutton, *Wall Street et FDR, op. cit.*

d'aider davantage Hitler et Warburg entreprit à nouveau une mission de messager et retourna en Allemagne.

Au cours de ce voyage, Warburg aurait discuté des affaires allemandes avec "un banquier juif" à Hambourg, avec un magnat de l'industrie et d'autres partisans d'Hitler. Il a notamment rencontré le banquier von Heydt et un certain Luetgebrumm. Ce dernier déclara que les troupes d'assaut nazies étaient incomplètement équipées et que les S.S. avaient grandement besoin de mitrailleuses, de revolvers et de carabines.

Lors de la réunion suivante entre Warburg et Hitler, Hitler a fait valoir que "les Soviétiques ne peuvent pas se passer de nos produits industriels. Nous leur donnerons du crédit, et si je ne suis pas capable d'affaiblir la France moi-même, alors les Soviétiques m'aideront". Hitler a dit qu'il avait deux plans de prise de contrôle en Allemagne : (a) le plan de révolution, et (b) le plan de prise de contrôle légale. Le premier plan serait une question de trois mois, le second une question de trois ans. Hitler aurait dit : "la révolution coûte cinq cents millions de marks, la prise de contrôle légale coûte deux cents millions de marks - que décideront vos banquiers ? Après cinq jours, un câble de Guaranty Trust est arrivé à Warburg et est cité dans le livre comme suit :

> *Les montants suggérés sont hors de question. Nous ne voulons pas et ne pouvons pas. Expliquez à l'homme qu'un tel transfert vers l'Europe va bouleverser le marché financier. Absolument inconnu sur le territoire international. Attendez-vous à un long rapport, avant qu'une décision ne soit prise. Restez sur place. Poursuivez l'enquête. Persuadez l'homme que ses exigences sont intenables. N'oubliez pas d'inclure dans le rapport votre propre opinion sur les possibilités d'avenir de l'homme.*

Warburg a télégraphié son rapport à New York et trois jours plus tard, il a reçu un second télégramme :

> *Rapport reçu. Préparez-vous à livrer dix, au maximum quinze millions de dollars. Aviser l'homme de la nécessité d'une agression contre un pays étranger.*

Les 15 millions de dollars ont été acceptés pour la voie de la prise de contrôle légale, et non pour le plan révolutionnaire. L'argent a été transféré de Wall Street à Hitler via Warburg comme suit : 5 millions de dollars à Mendelsohn & Company, Amsterdam ; 5 millions de dollars à la Rotterdamsehe Bankvereiniging à Rotterdam ; et 5 millions de dollars à la "Banca Italiana".

Warburg s'est rendu dans chacune de ces banques, où il aurait rencontré Heydt, Strasser et Hermann Goering. Les groupes se sont arrangés pour que les chèques soient identifiés par des noms différents dans différentes villes d'Allemagne. En d'autres termes, les fonds ont été "blanchis" dans la tradition moderne pour dissimuler leurs origines en provenance de Wall Street. En Italie, le groupe de paiement aurait été reçu dans le bâtiment principal de la banque par son président et, en attendant dans son bureau, deux fascistes italiens, Rossi et Balbo, auraient été présentés à Warburg, Heydt, Strasser et Goering. Trois jours après le paiement, Warburg est rentré à New York depuis Gênes sur le *Savoya*.

Là encore, il fit son rapport à Carter, Rockefeller et aux autres banquiers.

La troisième section de *Sources financières du national-socialisme* s'intitule simplement "1933". La section relate la troisième et dernière rencontre de "Sidney Warburg" avec Hitler - la nuit où le Reichstag a été incendié. (Nous avons noté au chapitre huit la présence de l'ami de Roosevelt, Putzi Hanfstaengl, au Reichstag). Lors de cette réunion, Hitler informa Warburg des progrès des nazis vers une prise de contrôle légale. Depuis 1931, le parti national-socialiste avait triplé sa taille. Des dépôts massifs d'armes avaient été effectués près de la frontière allemande en Belgique, en Hollande et en Autriche - mais ces armes nécessitaient des paiements en espèces avant d'être livrées. Hitler demandait un minimum de 100 millions de marks pour assurer la dernière étape du programme de prise de contrôle. Guaranty Trust fit parvenir à Warburg une offre de 7 millions de dollars au maximum, à verser comme suit : 2 millions à la Renania Joint Stock Company à Düsseldorf (la branche allemande de la Royal Dutch), et 5 millions à d'autres banques. Warburg a rapporté cette offre à Hitler, qui a demandé que les 5 millions de dollars soient envoyés à la Banca Italiana à Rome et (bien que le rapport ne le dise pas) on peut supposer que les 2 autres millions ont été versés à Düsseldorf. Le livre se termine par la déclaration suivante de Warburg :

> *Je me suis acquitté de ma mission dans les moindres détails. Hitler est le dictateur du plus grand pays européen. Le monde l'a maintenant vu à l'œuvre depuis plusieurs mois. L'opinion que j'ai de lui ne compte pas à présent. Mais je reste persuadé que ses agissements prouveront qu'il est mauvais. Pour le bien du peuple allemand, j'espère du fond du cœur que j'ai tort. Le monde continue de souffrir sous un système qui doit se plier à un Hitler pour se maintenir en vie. Pauvre monde, pauvre humanité.*

Tel est le résumé du livre supprimé de "Sidney Warburg" sur les origines financières du national-socialisme en Allemagne. Certaines des informations contenues dans le livre sont maintenant de notoriété publique - bien qu'une partie seulement ait été généralement connue au début des années 1930. Il est extraordinaire de constater que l'auteur inconnu a eu accès à des informations qui n'ont fait surface que bien des années plus tard - par exemple, l'identité de la banque von Heydt en tant que circuit financier d'Hitler. Pourquoi le livre a-t-il été retiré des librairies et mis au pilon ? La raison invoquée pour le retrait était que "Sidney Warburg" n'existait pas, que le livre était un faux et que la famille Warburg prétendait qu'il contenait des déclarations antisémites et diffamatoires.

Les informations contenues dans le livre ont été ressuscitées après la Seconde Guerre mondiale et publiées dans d'autres livres dans un contexte antisémite qui n'existe pas dans le livre original de 1933. Deux de ces livres d'après-guerre étaient *Spanischer Sommer* de René Sonderegger et *Liebet Eure Feinde* de Werner Zimmerman.

Plus important encore, James P. Warburg de New York a signé une déclaration sous serment en 1949, qui a été publiée en annexe dans les *Mémoires* de von Papen. Cette déclaration sous serment de Warburg niait catégoriquement l'authenticité du livre de "Sidney Warburg" et affirmait qu'il s'agissait d'un canular. Malheureusement, James P. Warburg se concentre sur le livre antisémite *Spanischer Sommer* de Sonderegger de 1947, et non sur le livre original écrit par "Sidney Warburg" supprimé et publié en 1933 - où le seul antisémitisme provient des prétendues déclarations de Hitler.

En d'autres termes, la déclaration sous serment de Warburg a soulevé bien plus de questions qu'elle n'en a résolu. Nous devrions donc nous pencher sur la déclaration sous serment de Warburg en 1949 qui nie l'authenticité des sources financières du national-socialisme.

DÉCLARATION SOUS SERMENT DE JAMES PAUL WARBURG

En 1953, le nazi Franz von Papen publie ses *Mémoires*.[172] C'est ce même Franz von Papen qui avait été actif aux États-Unis pour le compte de l'espionnage allemand pendant la Première Guerre mondiale. Dans ses *Mémoires*, Franz von Papen aborde la question du financement d'Hitler et rejette la faute sur l'industriel Fritz Thyssen et le banquier Kurt von Schröder. Papen nie avoir financé Hitler, et en effet, aucune preuve crédible n'a été apportée pour lier von Papen aux fonds d'Hitler (bien que Zimmerman dans *Liebert Eure Feinde* accuse Papen d'avoir fait don de

---

[172] Franz von Papen, *Mémoires*, (New York : E.P. Dutton & Co., Inc., 1958). Traduit par Brian Connell.

14 millions de marks). Dans ce contexte, von Papen mentionne *Les sources financières du national-socialisme* de Sidney Warburg, ainsi que les deux livres plus récents de Werner Zimmerman et de René Sonderegger (alias Severin Reinhardt), publiés après la Seconde Guerre mondiale.[173] Papen ajoute que :

> James P. Warburg est en mesure de réfuter toute falsification dans sa déclaration sous serment... Pour ma part, je suis très reconnaissant à M. Warburg d'avoir éliminé une fois pour toutes cette calomnie malveillante.
>
> Il est presque impossible de réfuter des accusations de ce genre par une simple négation, et son démenti autoritaire m'a permis de donner corps à mes propres protestations.[174]

L'annexe II du livre de Papen comporte deux sections. La première est une déclaration de James P. Warburg ; la seconde est l'affidavit, daté du 15 juillet 1949.

Le premier paragraphe de la déclaration indique qu'en 1933, la maison d'édition néerlandaise Holkema et Warendorf a publié *De Geldbronnen van Het Nationaal-Socialisme. Drie Gesprekken Met Hitler*, et ajoute que :

> Ce livre aurait été écrit par "Sidney Warburg". Un associé du cabinet Warburg & Co. d'Amsterdam a informé James P. Warburg de l'existence de ce livre et Holkema et Warendorf ont été informés que "Sidney Warburg" n'existait pas. Ils ont alors retiré le livre de la circulation.

James Warburg fait ensuite deux déclarations successives et apparemment contradictoires :

> ... le livre contenait une masse de matériel diffamatoire contre divers membres de ma famille et contre un certain nombre de banques et de personnes importantes à New York - je n'ai jamais vu à ce jour une copie du livre. Apparemment, seule une poignée d'exemplaires a échappé au retrait de l'éditeur.

Or, d'une part, Warburg prétend n'avoir jamais vu un exemplaire du livre de "Sidney Warburg", et d'autre part, il dit que ce livre est *"diffamatoire"* et procède à une déclaration sous serment détaillée phrase par phrase pour réfuter les informations prétendument contenues dans un livre qu'il prétend ne pas avoir vu ! Il est très difficile d'accepter la validité de l'affirmation de Warburg selon laquelle il n'a "jamais vu à ce

---

[173] Werner Zimmerman, *Liebet Eure Feinde*, (Frankhauser Verlag : Thielle-Neuchatel, 1948), qui contient un chapitre, "Les soutiens financiers secrets de Hitler" et René Sonderegger, *Spanischer Sommer*, (Afroltern, Suisse : Aehren Verlag, 1948).

[174] Franz von Papen, *Mémoires, op. cit.* p. 23.

jour un exemplaire du livre". Ou s'il ne l'avait pas fait, alors la déclaration sous serment est sans valeur.

James Warburg ajoute que le livre de "Sidney Warburg" fait preuve "d'un antisémitisme évident", et l'idée maîtresse de la déclaration de Warburg est que l'histoire de *"Sidney Warburg"* est de la pure propagande antisémite. En fait (et Warburg aurait découvert ce fait s'il avait lu le livre), les seules déclarations antisémites dans le livre de 1933 sont celles attribuées à Adolf Hitler, dont les sentiments antisémites ne sont guère une grande découverte. Hormis les divagations d'Hitler, il n'y a rien dans le livre original de "Sidney Warburg" qui soit lié de près ou de loin à l'antisémitisme, à moins que nous ne classions Rockefeller, Glean, Carter, McBean, etc. comme juifs. En fait, il est à noter que pas un seul banquier juif n'est nommé dans le livre - à l'exception du mythique "Sidney Warburg" qui est un intermédiaire, et non l'un des prétendus bailleurs de fonds. Pourtant, nous savons de source authentique (par l'ambassadeur Dodd) que le banquier juif Eberhard von Oppenheim a effectivement donné 200 000 marks à Hitler[175], et il est peu probable que "Sidney Warburg" ait manqué cette observation s'il faisait délibérément de la fausse propagande antisémite.

La première page de la déclaration de James Warburg concerne le livre de 1933. Après la première page, Warburg présente René Sonderegger et un autre livre écrit en 1947. Une analyse minutieuse de la déclaration de Warburg et de la déclaration sous serment montre que ses démentis et ses affirmations se réfèrent essentiellement à Sonderegger et non à Sidney Warburg. Or, Sonderegger était antisémite et a probablement fait partie d'un mouvement néo-nazi après la Seconde Guerre mondiale, mais cette affirmation d'antisémitisme ne peut pas s'appliquer au livre de 1933 - et c'est là le nœud du problème. En bref, James Paul Warburg commence par prétendre discuter d'un livre qu'il n'a jamais vu mais qu'il sait être diffamatoire et antisémite, puis, sans avertissement, il déplace l'accusation vers un autre livre qui était certainement antisémite mais qui a été publié une décennie plus tard. Ainsi, la déclaration sous serment de Warburg confond si complètement les deux livres que le lecteur est amené à condamner le mythique "Sidney Warburg" avec Sonderegger.[176] Examinons certaines des déclarations de J.P. Warburg :

---

[175] William E. Dodd, *Journal de l'ambassadeur Dodd*, op. cit. pp, 593-602.

[176] Le lecteur peut examiner la déclaration complète de Warburg et la déclaration sous serment ; voir Franz von Papen, *Mémoires, op. cit.* p. 593-602.

Déclaration sous serment de James P. Warburg New York City, 15 juillet 1949	Commentaires de l'auteur sur l'affidavit de James P. Warburg
1. Concernant les allégations totalement fausses et malveillantes faites par René Sonderegger de Zurich, Suisse, et autres, comme indiqué dans la partie précédente de cette déclaration, je, James Paul Warburg, de Greenwich, Connecticut, États-Unis, dépose ce qui suit :	Notez que l'affidavit concerne René Sonderegger, et non le livre publié par J.G. Shoup en 1933.
2. Aucune personne telle que "Sidney Warburg" n'existait à New York en 1933, ni ailleurs, à ma connaissance, à l'époque ou à une autre époque.	On peut supposer que le nom "Sidney Warburg" est un pseudonyme, ou qu'il est utilisé à tort.
3. Je n'ai jamais donné de manuscrit, de journal, de notes, de câbles ou d'autres documents à quiconque pour traduction et publication en Hollande et, plus précisément, je n'ai jamais donné de tels documents au présumé J.G. Shoup d'Anvers. Pour autant que je sache et que je me souvienne, je n'ai à aucun moment rencontré une telle personne.	L'affidavit se limite à l'octroi de documents "pour la traduction et la publication en Hollande".
4. La conversation téléphonique entre Roger Baldwin et moi-même, rapportée par Sonderegger, n'a jamais eu lieu et est une pure invention.	Rapporté par Sonderegger, pas "Sidney Warburg".
5. Je ne suis pas allé en Allemagne à la demande du président de la Guaranty Trust Company en 1929, ni à aucun autre moment.	Mais Warburg s'est rendu en Allemagne en 1929 et 1930 pour l'International Acceptance Bank, Inc.

6. Je suis allé en Allemagne pour affaires pour ma propre banque, The International Acceptance Bank Inc. de New York, en 1929 et 1930. À aucune de ces occasions, je n'ai eu à enquêter sur l'éventuelle prévention d'une révolution communiste en Allemagne par la promotion d'une contre-révolution nazie. Je suis en mesure de prouver qu'à mon retour d'Allemagne après les élections du Reichstag de 1930, j'ai averti mes associés qu'Hitler arriverait très probablement au pouvoir en Allemagne et que le résultat serait soit une Europe dominée par les nazis, soit une seconde guerre mondiale - peut-être les deux. Cela peut être corroboré ainsi que le fait que, suite à mon avertissement, ma banque a procédé à une réduction de ses engagements allemands aussi rapidement que possible.	Notez que Warburg, par sa propre déclaration, a dit à ses associés bancaires qu'Hitler arriverait au pouvoir. Cette affirmation a été faite en 1930 - et les Warburg ont continué à diriger I.G. Farben et d'autres entreprises pronazies.
7. Je n'ai eu de discussions nulle part, à aucun moment, avec Hitler, avec aucun responsable nazi, ou avec qui que ce soit d'autre sur l'octroi de fonds au parti nazi. Plus précisément, je n'ai eu aucune relation de ce type avec Mendelssohn & Co, ni avec la Rotterdamsche Bankvereiniging ou la Banca Italiana. (Cette dernière est probablement destinée à lire Banca d'Italia, avec laquelle je n'ai pas non plus eu de telles transactions).	Il n'y a aucune preuve qui contredit cette affirmation. Pour autant que l'on puisse remonter, Warburg n'avait aucun lien avec ces sociétés bancaires, sauf que le correspondant italien de la Banque de Manhattan de Warburg était la "Banca Commerciale Italiana" - qui est proche de la "Banca Italiana".

8. En février 1933 (voir pages 191 et 192 du *Spanischer Sommer*), lorsque j'aurais apporté à Hitler le dernier versement de fonds américains et que j'aurais été reçu par Goering et Goebbels ainsi que par Hitler lui-même, je peux prouver que je n'étais pas du tout en Allemagne. Je n'ai jamais mis les pieds en Allemagne après l'arrivée au pouvoir des nazis en janvier 1933. En janvier et février, j'étais à New York et à Washington, travaillant à la fois avec ma banque et avec le président élu Roosevelt sur la crise bancaire qui sévissait alors. Après l'investiture de M. Roosevelt, le 3 mars 1933, j'ai travaillé avec lui en permanence à la préparation de l'ordre du jour de la Conférence économique mondiale, à laquelle j'ai été envoyé comme conseiller financier au début du mois de juin. Il s'agit d'une affaire de notoriété publique.	Il n'y a pas de preuves qui contredisent ces déclarations. "Sidney Warburg" ne fournit aucune preuve à l'appui de ses affirmations. Voir *Wall Street et FDR*, pour plus de détails sur les associations allemandes du FDR.
9. Les déclarations qui précèdent devraient suffire à démontrer que l'ensemble du mythe de "Sidney Warburg" et l'identification fallacieuse de moi-même avec l'inexistant "Sidney" qui s'ensuit sont des fabrications de mensonges malveillants sans le moindre fondement dans la vérité.	Non. James P. Warburg déclare n'avoir jamais vu le livre original "Sidney Warburg" publié en Hollande en 1933. Par conséquent, sa déclaration sous serment ne s'applique qu'au livre de Sonderegger, qui est inexact. Sidney Warburg est peut-être un mythe, mais l'association de Max Warburg et Paul Warburg avec I.G. Farben et Hitler n'en est pas un.

JAMES WARBURG A-T-IL EU L'INTENTION D'INDUIRE EN ERREUR ?

Il est vrai que "Sidney Warburg" pourrait bien avoir été une invention, dans le sens où "Sidney Warburg" n'a jamais existé. Nous supposons que le nom est un faux ; mais quelqu'un a écrit le livre. Zimmerman et

Sonderegger ont peut-être ou non diffamé le nom de Warburg, mais malheureusement, lorsque nous examinons la déclaration sous serment de James P. Warburg publiée dans les *Mémoires* de von Papen, nous sommes laissés dans le noir comme jamais. Il y a trois questions importantes et sans réponse :

(1) pourquoi James P. Warburg prétendrait-il qu'un livre qu'il n'a pas lu est faux ?

(2) pourquoi la déclaration sous serment de Warburg évite la question clé et détourne la discussion de "Sidney Warburg" vers le livre antisémite Sonderegger publié en 1947 ? et

(3) pourquoi James P. Warburg serait-il si insensible à la souffrance des Juifs pendant la Seconde Guerre mondiale pour publier sa déclaration sous serment dans les *Mémoires* de Franz von Papen, qui était un nazi éminent présent au cœur du mouvement hitlérien depuis les premiers jours de 1933 ?

Non seulement les Warburg allemands ont été persécutés par Hitler en 1938, mais des millions de Juifs ont perdu la vie à cause de la barbarie nazie. Il semble élémentaire que toute personne ayant souffert et ayant été sensible aux souffrances passées des Juifs allemands évite les nazis, le nazisme et les livres néo-nazis comme la peste. Pourtant, nous avons ici le nazi von Papen qui agit comme un hôte bienveillant pour l'anti-nazi autoproclamé James P. Warburg, qui semble se réjouir de cette opportunité. De plus, les Warburg auraient eu amplement l'occasion de publier une telle déclaration sous serment et de lui donner une large publicité sans avoir à le faire par le biais de canaux néo-nazis.

Le lecteur gagnera à réfléchir à cette situation. La seule explication logique est que certains des faits présentés dans le livre de "Sidney Warburg" sont soit vrais, soit proches de la vérité, soit gênants pour James P. Warburg. On ne peut pas dire que Warburg ait eu l'intention d'induire en erreur (bien que cette conclusion puisse sembler évidente), car les hommes d'affaires sont des intellectuels et des raisonneurs notoirement illogiques, et il n'y a certainement rien qui puisse exempter Warburg de cette catégorisation.

QUELQUES CONCLUSIONS DE L'HISTOIRE DE "SIDNEY WARBURG".

"Sidney Warburg" n'a jamais existé ; en ce sens, le livre original de 1933 est une œuvre de fiction. Toutefois, nombre des faits peu connus à l'époque et consignés dans le livre sont des faits avérés et vérifiables ; et la déclaration sous serment de James Warburg ne vise pas le livre original mais plutôt un livre antisémite diffusé plus de dix ans plus tard.

Paul Warburg était un directeur de l'American I.G. Farben et donc lié au financement d'Hitler. Max Warburg, un directeur de l'allemand I.G. Farben, signa - avec Hitler lui-même - le document qui nommait Hjalmar Schacht à la Reichsbank. Ces liens vérifiables entre les Warburg et Hitler suggèrent que l'histoire de "Sidney Warburg" ne peut être rejetée comme une contrefaçon totale sans un examen approfondi.

Qui a écrit le livre de 1933, et pourquoi ? I.G. Shoup dit que les notes ont été écrites par un Warburg en Angleterre et lui ont été données pour qu'il les traduise. Le motif de Warburg était supposé être un véritable remord pour le comportement amoral des Warburg et de leurs associés de Wall Street. Cela semble-t-il être un motif plausible ? Il n'est pas passé inaperçu que ces mêmes Wall Streeters qui complotent la guerre et la révolution sont souvent dans leur vie privée de véritables citoyens décents ; il n'est pas à exclure que l'un d'entre eux ait changé d'avis ou ait éprouvé des remords. Mais cela n'est pas prouvé.

Si le livre était un faux, alors par qui a-t-il été écrit ? James Warburg admet qu'il ne connaît pas la réponse, et il écrit : "Le but original de la contrefaçon reste quelque peu obscur même aujourd'hui. [177]

Un gouvernement pourrait-il falsifier le document ? Certainement pas les gouvernements britannique ou américain, qui sont tous deux indirectement impliqués par le livre. Certainement pas le gouvernement nazi en Allemagne, bien que James Warburg semble suggérer cette possibilité improbable. Serait-ce la France, ou l'Union soviétique, ou peut-être l'Autriche ? La France, peut-être parce que la France craignait la montée de l'Allemagne nazie. L'Autriche est une possibilité similaire. L'Union soviétique est une possibilité parce que les Soviétiques avaient également beaucoup à craindre d'Hitler. Il est donc plausible que la France, l'Autriche ou l'Union soviétique aient joué un rôle dans la préparation du livre.

Tout citoyen qui forge un tel livre sans disposer de documents internes au gouvernement devrait être remarquablement bien informé. La Guaranty Trust n'est pas une banque particulièrement connue en dehors de New York, mais il existe un degré extraordinaire de plausibilité quant à l'implication de Guaranty Trust, car il s'agit du véhicule que Morgan a utilisé pour financer et infiltrer la révolution bolchevique.[178] Celui qui a

---

[177] Franz von Papen, *Mémoires, op.* cit. p. 594.

[178] Voir Antony C. Sutton, *Wall Street et la révolution bolchévique*, op. cit.

désigné Guaranty Trust comme le véhicule de financement d'Hitler en savait beaucoup plus que l'homme de la rue, ou disposait d'informations gouvernementales authentiques. Quel serait le motif d'un tel livre ?

Le seul motif qui semble acceptable est que l'auteur inconnu savait qu'une guerre était en préparation et espérait une réaction publique contre les fanatiques de Wall Street et leurs amis industriels en Allemagne - avant qu'il ne soit trop tard. Il est clair que, quel que soit l'auteur du livre, son motif était presque certainement de mettre en garde contre l'agression hitlérienne et de pointer du doigt sa source à Wall Street, car l'assistance technique des sociétés américaines contrôlées par Wall Street était encore nécessaire pour construire la machine de guerre d'Hitler. Les brevets d'hydrogénation de Standard Oil et le financement du pétrole issu du charbon, les installations, les viseurs de bombes et les autres technologies nécessaires n'avaient pas encore été entièrement transférés au moment de la rédaction du livre de "Sidney Warburg". Par conséquent, ce livre aurait pu être conçu pour briser le dos des partisans d'Hitler à l'étranger, pour empêcher le transfert prévu du potentiel de guerre des États-Unis et pour éliminer le soutien financier et diplomatique de l'État nazi. Si tel était le but, il est regrettable que le livre n'ait atteint aucun de ces objectifs.

CHAPITRE XI

COLLABORATION ENTRE WALL STREET ET LES NAZIS PENDANT LA SECONDE GUERRE MONDIALE

À l'arrière-plan des affrontements sur les divers fronts de la Seconde Guerre mondiale, grâce à des intermédiaires en Suisse et en Afrique du Nord, l'élite financière de New York a collaboré avec le régime nazi. Les dossiers saisis après la guerre ont fourni une masse de preuves démontrant que pour certains éléments du Big Business, la période 1941-1945 se déroulait "comme d'habitude". Par exemple, la correspondance entre les entreprises américaines et leurs filiales françaises révèle l'aide accordée à la machine militaire de l'Axe - alors que les États-Unis étaient en guerre avec l'Allemagne et l'Italie. Les lettres entre Ford de France et Ford des États-Unis entre 1940 et juillet 1942 ont été analysées par la section de contrôle des fonds étrangers du département du Trésor. Leur rapport initial concluait que jusqu'à la mi-1942 :

> (1) l'activité des filiales Ford en France s'est considérablement accrue ; (2) leur production était uniquement au profit des Allemands et des pays sous son occupation ; (3) les Allemands ont "clairement montré leur volonté de protéger les intérêts de Ford" en raison de l'attitude de stricte neutralité maintenue par Henry Ford et feu Edsel Ford ; et (4) l'activité accrue des filiales Ford françaises pour le compte des Allemands a reçu les éloges de la famille Ford en Amérique. [179]

De même, la Rockefeller Chase Bank a été accusée de collaborer avec les nazis en France pendant la Seconde Guerre mondiale, alors que Nelson Rockefeller occupait un poste de pantouflage à Washington D.C. :

---

[179] Journal de Morgenthau (Allemagne).

Le bureau parisien de la Chase Bank a adopté le même comportement pendant l'occupation allemande. L'examen de la correspondance entre Chase, New York, et Chase, France, de la date de la chute de la France à mai 1942, révèle que (1) le directeur du bureau de Paris a apaisé et collaboré avec les Allemands pour placer les banques Chase dans une "position privilégiée" ; (2) les Allemands avaient une estime toute particulière pour la banque Chase - en raison des activités internationales de notre siège social (Chase) et des relations agréables que la succursale de Paris a entretenues avec nombre de leurs banques (allemandes) et leurs organisations locales et hauts fonctionnaires (allemands) ; (3) le directeur de Paris a "appliqué très vigoureusement les restrictions à l'encontre des biens juifs, allant même jusqu'à refuser de débloquer des fonds appartenant à des Juifs en prévision de la publication prochaine par les autorités d'occupation d'un décret comportant des dispositions rétroactives interdisant ce déblocage" ; (4) le bureau de New York, malgré les informations susmentionnées, n'a pris aucune mesure directe pour écarter le directeur indésirable du bureau de Paris, car il "pourrait réagir contre nos intérêts (Chase), car nous avons affaire non pas à une théorie mais à une situation." [180]

Un rapport officiel adressé au secrétaire au Trésor de l'époque, M. Morgenthau, concluait que :

> Ces deux situations [c'est-à-dire celles de Ford et la Chase Bank] nous convainquent qu'il est impératif d'enquêter immédiatement sur place sur les activités des filiales d'au moins certaines des grandes entreprises américaines qui opéraient en France pendant l'occupation allemande.[181]

Les fonctionnaires du Trésor ont insisté pour qu'une enquête soit ouverte avec les filiales françaises de plusieurs banques américaines - à savoir Chase, Morgan, National City, Guaranty, Bankers Trust et American Express. Bien que Chase et Morgan aient été les deux seules banques à maintenir des bureaux français pendant toute la durée de l'occupation nazie, en septembre 1944, toutes les grandes banques de New York faisaient pression sur le gouvernement américain pour obtenir l'autorisation de rouvrir les succursales d'avant-guerre.

Une enquête ultérieure du Trésor a produit des preuves documentaires de la collaboration entre la Chase Bank et J.P. Morgan avec les nazis pendant la Seconde Guerre mondiale. La recommandation d'une enquête complète est citée dans son intégralité ci-après :

---

[180] Ibid.

[181] Ibid.

COMMUNICATION INTERNE DU DÉPARTEMENT DU TRÉSOR

Date : 20 décembre 1944

Pour : Secrétaire Morgenthau

De : Monsieur Saxon

L'examen des dossiers de la Chase Bank, à Paris, et de Morgan and Company, en France, n'a progressé que suffisamment pour permettre de tirer des conclusions provisoires et de révéler quelques faits intéressants :

CHASE BANK, PARIS

a. Niederman, de nationalité suisse, directeur de Chase, Paris, était sans conteste un collaborateur ;

b. Le siège de Chase à New York a été informé de la politique collaborationniste de Niederman mais n'a pris aucune mesure pour le faire sortir. Il existe en effet de nombreuses preuves que le siège social de New York considérait les bonnes relations de Niederman avec les Allemands comme un excellent moyen de préserver, sans l'altérer, la position de la Chase Bank en France ;

c. Les autorités allemandes étaient soucieuses de maintenir la chasse ouverte et ont d'ailleurs pris des mesures exceptionnelles pour fournir des sources de revenus ;

d. Les autorités allemandes souhaitaient "être amies" avec les grandes banques américaines car elles s'attendaient à ce que ces banques soient utiles après la guerre en tant qu'instrument de la politique allemande aux États-Unis ;

e. Le Chase, Paris s'est montré très soucieux de satisfaire les autorités allemandes de toutes les manières possibles. Par exemple, la Chase a tenu avec zèle le compte de l'ambassade allemande à Paris, "car chaque petite chose compte" (pour maintenir les excellentes relations entre la Chase et les autorités allemandes) ;

f. L'objectif global de la politique et du fonctionnement de Chase était de maintenir la position de la banque à tout prix.

MORGAN AND COMPANY, FRANCE

a. Morgan and Company se considérait comme une banque française et était donc tenue de respecter les lois et réglementations bancaires françaises, qu'elles soient d'inspiration nazie ou non, et elle l'a effectivement fait ;

b. La société Morgan and Company était très soucieuse de préserver la continuité de sa maison en France et, pour y parvenir, elle a élaboré un modus vivendi avec les autorités allemandes ;

c. Morgan and Company jouissait d'un grand prestige auprès des autorités allemandes, et les Allemands se vantaient de la splendide coopération de Morgan and Company ;

d. Morgan continua ses relations d'avant-guerre avec les grandes entreprises industrielles et commerciales françaises qui travaillaient pour l'Allemagne, dont les usines Renault, confisquées depuis par le gouvernement français, Peugeot [sic], Citroën et bien d'autres.

e. Le pouvoir de Morgan and Company en France n'a rien à voir avec les faibles ressources financières de la firme, et l'enquête en cours sera d'une réelle utilité en nous permettant pour la première fois d'étudier le modèle Morgan en Europe et la manière dont Morgan a utilisé son grand pouvoir ;

f. Morgan and Company a constamment cherché ses fins en jouant un gouvernement contre un autre de la manière la plus froide et la plus peu scrupuleuse.

M. Jefferson Caffery, ambassadeur des États-Unis en France, a été tenu informé de l'évolution de cette enquête et m'a apporté à tout moment son soutien et ses encouragements, en principe et en fait. En effet, M. Caffery lui-même qui m'a demandé comment les filiales Ford et General Motors en France avaient agi pendant l'occupation, et a exprimé le souhait que nous nous penchions sur ces sociétés une fois l'enquête bancaire terminée.

RECOMMANDATION

Je recommande que cette enquête, qui, pour des raisons inévitables, a progressé lentement jusqu'à présent, soit maintenant menée de toute urgence et que le personnel supplémentaire nécessaire soit envoyé à Paris dès que possible.[182]

L'enquête complète n'a jamais abouti, et aucune investigation n'a jamais été menée sur cette activité présumée de trahison jusqu'à aujourd'hui.

L'IG AMÉRICAIN PENDANT LA SECONDE GUERRE MONDIALE

La collaboration entre les hommes d'affaires américains et les nazis dans l'Europe de l'Axe a été parallèle à la protection des intérêts nazis aux États-Unis. En 1939, American I.G. a été rebaptisé General Aniline & Film, General Dyestuffs étant son agent de vente exclusif aux États-Unis. Ces noms dissimulaient en fait le fait que American I.G. (ou General Aniline & Film) était un important producteur de matériel de

---

[182] Ibid, pp. 800-2.

guerre important, notamment d'atrabine, de magnésium et de caoutchouc synthétique. Des accords restrictifs avec sa société mère allemande I.G. Farben ont réduit les livraisons américaines de ces produits militaires pendant la Seconde Guerre mondiale.

Un citoyen américain, Halbach, est devenu président de General Dyestuffs en 1930 et a acquis le contrôle majoritaire en 1939 de Dietrich A. Schmitz, un directeur de American I.G. et frère de Hermann Schmitz, directeur de I.G. Farben en Allemagne et président du conseil d'administration de American I.G. jusqu'au déclenchement de la guerre en 1939. Après Pearl Harbor, le Trésor américain a bloqué les comptes bancaires de Halbach. En juin 1942, l'Alien Property Custodian saisit les actions de Halbach dans General Dyestuffs et reprit l'entreprise en tant que société ennemie en vertu de la loi sur le commerce avec l'ennemi. Par la suite, l'Alien Property Custodian a nommé un nouveau conseil d'administration pour agir en tant que fiduciaire pendant la durée de la guerre. Ces actions étaient une pratique raisonnable et habituelle, mais quand on fouille sous la surface, une autre histoire tout à fait anormale apparaît.

Entre 1942 et 1945, Halbach est nominalement consultant auprès de General Dyestuffs. En fait, Halbach dirigeait la société, à raison de 82 000 dollars par an. Louis Johnson, ancien secrétaire adjoint à la guerre, a été nommé président de General Dyestuffs par le gouvernement américain, pour lequel il recevait 75 000 dollars par an. Louis Johnson a tenté de faire pression sur le Trésor américain pour débloquer les fonds gelés de Halbach et lui permettre de développer des politiques contraires aux intérêts des États-Unis, alors en guerre avec l'Allemagne. L'argument utilisé pour obtenir le déblocage des comptes bancaires de Halbach était que ce dernier dirigeait la société et que le conseil d'administration nommé par le gouvernement "aurait été en mauvaise posture sans les avis de M. Halbach".

Pendant la guerre, Halbach a intenté un procès à l'Alien Property Custodian, par l'intermédiaire du cabinet d'avocats Sullivan and Cromwell, pour évincer le gouvernement américain de son contrôle des sociétés I.G. Farben. Ces poursuites n'ont pas abouti, mais Halbach a réussi à maintenir les accords du cartel Farben intacts tout au long de la Seconde Guerre mondiale ; l'Alien Property Custodian n'est jamais allé devant les tribunaux pendant la Seconde Guerre mondiale pour les poursuites antitrust en cours. Pourquoi ? Leo T. Crowley, chef du bureau du gardien des biens étrangers, avait John Foster Dulles comme conseiller, et John Foster Dulles était un associé du cabinet Sullivan and Cromwell mentionné ci-dessus, qui agissait au nom de Halbach dans sa poursuite contre le gardien des biens étrangers.

Il y a eu d'autres situations de conflit d'intérêts qu'il convient de noter. Leo T. Crowley, le gardien des biens étrangers, a nommé Victor Emanuel aux conseils d'administration du General Aniline & Film et du General Dyestuffs. Avant la guerre, Victor Emanuel était directeur de la J. Schroder Banking Corporation. Schroder, comme nous l'avons déjà vu, était un important financier d'Hitler et du parti nazi - et à cette époque même, il était membre du Cercle des amis de Himmler, apportant des contributions substantielles aux organisations S.S. en Allemagne.

À son tour, Victor Emanuel a nommé Leo Crowley à la tête de Standard Gas & Electric (contrôlée par Emanuel) à 75 000 dollars par an. Cette somme s'ajoutait au salaire de Leo Crowley versé par l'Alien Property Custodian et à 10 000 dollars par an en tant que directeur de la Federal Deposit Insurance Corporation du gouvernement américain. En 1945, James E. Markham avait remplacé Crowley en tant qu'A.P.C. et avait également été nommé par Emanuel comme directeur de Standard Gas à 4850 dollars par an, en plus des 10 000 dollars qu'il tirait du Alien Property Custodian.

L'influence de General Dyestuffs en temps de guerre et cette confortable coterie gouvernement-entreprises au nom de I.G. Farben est illustrée par l'affaire du cyanamide américain. Avant la guerre, I.G. Farben contrôlait les industries de la drogue, des produits chimiques et des colorants au Mexique. Pendant la Seconde Guerre mondiale, il a été proposé à Washington que l'entreprise American Cyanamid reprenne cette industrie mexicaine et développe une industrie chimique "indépendante" avec les anciennes entreprises I.G. Farben saisies par le gardien mexicain des biens étrangers.

En tant que fondés de pouvoir du banquier Schroder Victor Emanuel, Crowley et Markham, qui étaient également des employés du gouvernement américain, ont tenté de régler la question de ces intérêts d'I.G. Farben aux États-Unis et au Mexique. Le 13 avril 1943, James Markham a envoyé une lettre au secrétaire d'État Cordell Hull pour s'opposer au projet de transaction sur le cyanamide, au motif qu'il était contraire à la Charte de l'Atlantique et qu'il interférerait avec l'objectif d'établir des entreprises indépendantes en Amérique latine. La position de Markham a été soutenue par Henry A. Wallace et le procureur général Francis Biddle.

Les forces liguées contre l'accord sur le cyanamide étaient Sterling Drug, Inc. et Winthrop. Sterling et Winthrop risquaient tous deux de perdre leur marché de la drogue au Mexique si l'accord sur le cyanamide était conclu. Le général Aniline et le général Dyestuffs de I.G. Farben, dominés par Victor Emanuel, ancien associé du banquier Schröder, étaient également hostiles à l'accord sur le cyanamide.

D'autre part, le Département d'État et le Bureau du coordinateur des affaires interaméricaines - qui se trouve être le bébé de guerre de Nelson Rockefeller - ont soutenu le projet d'accord sur le cyanamide. Les Rockefeller s'intéressent bien sûr aussi aux industries pharmaceutiques et chimiques en Amérique latine. En bref, un monopole américain sous l'influence de Rockefeller aurait remplacé un monopole nazi d'I.G. Farben.

I.G. Farben a remporté cette manche à Washington, mais des questions plus inquiétantes se posent lorsque nous examinons le bombardement de l'Allemagne en temps de guerre par l'U.S.A.A.F. On a longtemps entendu des rumeurs, mais jamais prouvé, selon lesquelles Farben a bénéficié d'un traitement de faveur - c'est-à-dire qu'il n'a pas été bombardé. James Stewart Martin commente comme suit le traitement de faveur reçu par I.G. Farben lors du bombardement de l'Allemagne :

> Peu après que les armées eurent atteint le Rhin à Cologne, nous roulions sur la rive ouest, en vue de l'usine I.G. Farben de Leverkusen, qui n'avait pas subi de dommages, de l'autre côté du fleuve. Sans rien savoir de moi ni de mes affaires, il (le conducteur de la jeep) a commencé à me tenir des propos sur I.G. Farben et à me montrer du doigt le trajet entre la ville de Cologne bombardée et le trio d'usines intactes en périphérie : l'usine Ford et l'usine United Rayon sur la rive ouest, et l'usine Farben sur la rive est...[183]

Bien que cette accusation soit une question très ouverte, nécessitant de nombreuses recherches spécialisées sur les archives des bombardements de l'U.S.A.A.F., d'autres aspects du favoritisme pour les nazis sont bien connus.

À la fin de la Seconde Guerre mondiale, Wall Street s'est installée en Allemagne par l'intermédiaire du Conseil de contrôle pour protéger ses anciens amis du cartel et limiter la ferveur de dénazification qui porterait atteinte aux anciennes relations d'affaires. Le général Lucius Clay, le gouverneur militaire adjoint pour l'Allemagne, a nommé des hommes d'affaires qui s'opposaient à la dénazification des postes de contrôle du processus de dénazification. William H. Draper de Dillon-Read, la société qui a financé les cartels allemands dans les années 1920, est devenu l'adjoint du général Clay.

Le banquier William Draper, en tant que général de brigade, a constitué son équipe de contrôle à partir d'hommes d'affaires qui avaient

---

[183] James Stewart Martin, *All Honorable Men*, op. cit. p. 75.

représenté les entreprises américaines dans l'Allemagne d'avant-guerre. La représentation de General Motors comprenait Louis Douglas, un ancien directeur de G.M., et Edward S. Zdunke, un chef de General Motors d'avant-guerre à Anvers, nommé pour superviser la section d'ingénierie du Conseil de contrôle. Peter Hoglund, un expert de l'industrie automobile allemande, a reçu un congé de General Motors. La sélection du personnel du Conseil a été effectuée par le colonel Graeme K. Howard - ancien représentant de G,M. en Allemagne et auteur d'un livre qui "fait l'éloge des pratiques totalitaires [et] justifie l'agression allemande...".[184]

Le secrétaire au Trésor Morgenthau, profondément troublé par les implications de ce monopole de Wall Street sur le destin de l'Allemagne nazie, prépara un mémorandum à présenter au président Roosevelt. Le mémorandum complet de Morgenthau, daté du 29 mai 1945, se lit comme suit :

MEMORANDUM

29 mai 1945

Le lieutenant-général Lucius D. Clay, en tant qu'adjoint du général Eisenhower, dirige activement l'élément américain du Conseil de contrôle pour l'Allemagne. Les trois principaux conseillers du général Clay au sein de l'état-major du Conseil de contrôle sont :

1. L'ambassadeur Robert D. Murphy, qui est en charge de la Division politique.

2. Louis Douglas, que le général Clay décrit comme mon conseiller personnel pour les questions économiques, financières et gouvernementales". Douglas a démissionné de son poste de directeur du budget en 1934 ; et pendant les huit années suivantes, il s'est attaqué aux politiques budgétaires du gouvernement. Depuis 1940, Douglas est président de la Mutual Life Insurance Company, et depuis décembre 1944, il est directeur de la General Motors Corporation.

3. Le brigadier-général William Draper, qui est le directeur de la division économique du Conseil de contrôle. Le général Draper est un associé de la société bancaire Dillon, Read and Company. Le *New York Times* de dimanche a publié l'annonce de la nomination de membres clés du personnel par le général Clay et le général Draper à la division économique du Conseil de contrôle. Ces nominations sont les suivantes :

---

[184] Journal de Morgenthau (Allemagne), p. 1543. Le livre du colonel Graeme K. Howard était intitulé, *America and a New World Order*, (New York : Scribners, 1940).

1. R.J. Wysor est chargé des questions métallurgiques. Wysor a été président de la Republic Steel Corporation de 1937 jusqu'à une date récente, et avant cela, il était associé à la Bethlehem Steel, à la Jones and Laughlin Steel Corporation et à la Republic Steel Corporation.

2. Edward X. Zdunke doit superviser la section d'ingénierie. Avant la guerre, M. Zdunke était à la tête de General Motors à Anvers.

3. Philip Gaethke sera responsable des opérations minières. Gaethke était auparavant lié à Anaconda Copper et était responsable de ses fonderies et de ses mines en Haute-Silésie avant la guerre.

4. Philip P. Clover sera chargé de traiter les questions relatives au pétrole. Il était auparavant représentant de la Socony Vacuum Oil Company en Allemagne.

5. Peter Hoglund doit s'occuper des problèmes de production industrielle. Hoglund est en congé de General Motors et on dit qu'il est un expert de la production allemande.

6. Calvin B. Hoover sera responsable du groupe de renseignement du Conseil de contrôle et sera également conseiller spécial du général Draper. Dans une lettre adressée au rédacteur en chef du *New York Times* le 9 octobre 1944, Hoover écrit ce qui suit :

> La publication du plan du secrétaire Morgenthau pour traiter avec l'Allemagne m'a profondément troublé ... une telle paix carthaginoise laisserait un héritage de haine qui empoisonnerait les relations internationales pour les générations à venir ... le vide dans l'économie de l'Europe qui existerait par la destruction de toute l'industrie allemande est une chose difficile à envisager.

7. Laird Bell sera le conseiller juridique principal de la division économique. Il est un avocat bien connu de Chicago et en mai 1944, il a été élu président du *Chicago Daily News*, après la mort de Frank Knox.

L'un des hommes qui ont aidé le général Draper dans la sélection du personnel de la division économique était le colonel Graeme Howard, vice-président de General Motors, qui était en charge de leurs affaires à l'étranger et qui était un représentant important de General Motors en Allemagne avant la guerre. Howard est l'auteur d'un livre dans lequel il fait l'éloge des pratiques totalitaires, justifie l'agression allemande et la politique d'apaisement de Munich, et reproche à Roosevelt d'avoir précipité la guerre.

Ainsi, lorsque nous examinons le Conseil de contrôle pour l'Allemagne du général Lucius D. Clay, nous constatons que le chef de la division des finances était Louis Douglas, directeur de la General Motors contrôlée par Morgan et président de la Mutual Life Insurance. (Opel, la filiale allemande de General Motors, avait été le plus grand producteur de chars d'assaut d'Hitler). Le chef de la division économique du Conseil de contrôle était William Draper, un associé de la firme Dillon, Read, qui avait tant à voir avec la construction de l'Allemagne nazie en premier lieu. Les trois hommes étaient, sans surprise à la lumière de découvertes plus récentes, membres du Council on Foreign Relations.

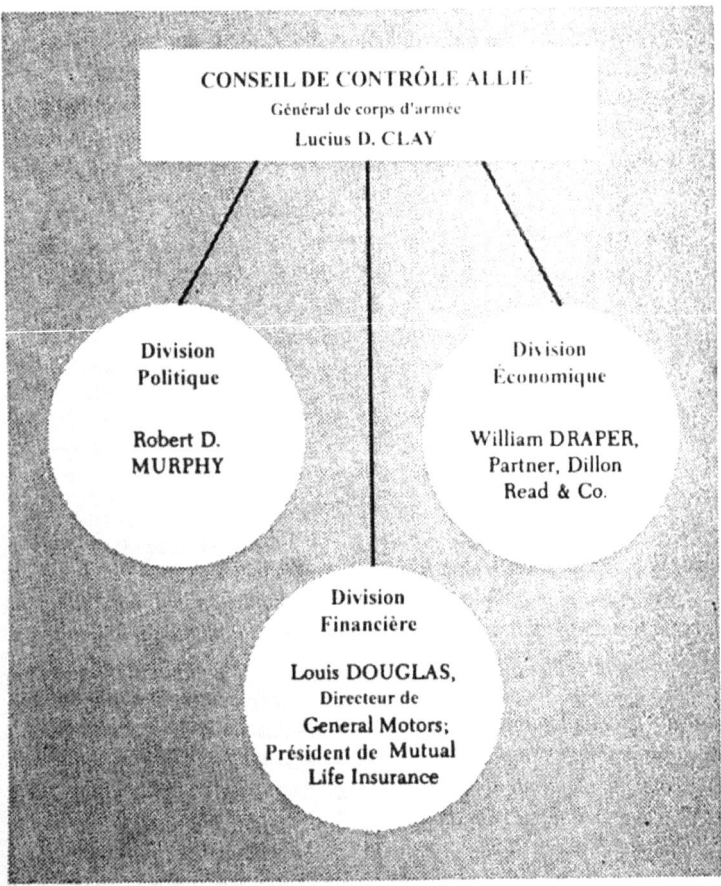

LES INDUSTRIELS ET LES FINANCIERS AMÉRICAINS ONT-ILS ÉTÉ COUPABLES DE CRIMES DE GUERRE ?

Le procès de Nuremberg pour crimes de guerre a proposé de sélectionner les responsables des préparatifs et des atrocités de la Seconde Guerre mondiale et de les traduire en justice. La question de savoir si une telle procédure est moralement justifiable est discutable ; il est justifié de considérer que Nuremberg était une farce politique très éloignée des principes juridiques.[185] Cependant, si nous supposons qu'il existe une telle justification juridique et morale, alors tout procès de ce type devrait sûrement s'appliquer à tous, quelle que soit leur nationalité. Qu'est-ce qui devrait par exemple exempter Franklin D. Roosevelt et Winston Churchill, mais pas Adolf Hitler et Goering ? Si l'infraction est une préparation à la guerre, et non une vengeance aveugle, alors la justice devrait être impartiale.

Les directives préparées par le Conseil de contrôle américain en Allemagne pour l'arrestation et la détention des criminels de guerre font référence aux "nazis" et aux "sympathisants nazis", et non aux "Allemands". Les extraits pertinents sont les suivants :

> *a. Vous rechercherez, arrêterez et détiendrez, en attendant de recevoir de nouvelles instructions quant à leur sort, Adolf Hitler, ses principaux associés nazis, d'autres criminels de guerre et toutes les personnes qui ont participé à la planification ou à l'exécution d'entreprises nazies impliquant ou entraînant des atrocités ou des crimes de guerre.*

Suit alors une liste des catégories de personnes à arrêter, dont :

> *(8) Nazis et sympathisants nazis occupant des postes importants et clés dans (a) les organisations civiques et économiques nationales et locales ; (b) les sociétés et autres organisations dans lesquelles le gouvernement a un intérêt financier majeur ; (c) l'industrie, le commerce, l'agriculture et les finances ; (d) l'éducation ; (e) le système judiciaire ; et (f) la presse, les maisons d'édition et autres agences diffusant des nouvelles et de la propagande.*

Les principaux industriels et financiers américains cités dans ce livre sont couverts par les catégories mentionnées ci-dessus. Henry Ford et Edsel Ford ont respectivement contribué à Hitler et profité de la production allemande en temps de guerre. Standard Oil of New Jersey, General Electric, General Motors et I.T.T. ont certainement apporté des contributions financières ou techniques qui constituent une preuve *prima facie de* "participation à la planification ou à l'exécution d'entreprises nazies".

Il y a, en bref, des preuves qui suggèrent :

---

[185] Le lecteur devrait examiner l'essai *The Return to War Crimes* (Le retour aux crimes de guerre), dans James J. Martin, Revisionist Viewpoints, (Colorado : Ralph Mules, 1971).

a) la coopération avec la Wehrmacht (Ford Motor Company, Chase Bank, Morgan Bank) ;

b) l'aide au plan quadriennal nazi et la mobilisation économique pour la guerre (Standard Oil of New Jersey) ;

c) la création et l'équipement de la machine de guerre nazie (I.T.T.) ;

d) le stockage de matériel essentiel pour les nazis (Ethyl Corporation) ;

e) l'affaiblissement des ennemis potentiels des nazis (l'Américain I.G. Farben) ; et

f) la poursuite de la propagande, du renseignement et de l'espionnage (l'Américain I.G. Farben et l'homme de relations publiques de Rockefeller, Ivy Lee).

Il existe au moins suffisamment de preuves pour exiger une enquête approfondie et impartiale. Cependant, comme nous l'avons déjà noté, ces mêmes entreprises et financiers ont joué un rôle important dans l'élection de Roosevelt en 1933 et ont donc eu une influence politique suffisante pour étouffer les menaces d'enquête. Des extraits du journal de Morgenthau démontrent que le pouvoir politique de Wall Street était suffisant même pour contrôler la nomination des officiers responsables de la dénazification et de l'éventuel gouvernement de l'Allemagne d'après-guerre.

Ces entreprises américaines étaient-elles au courant de leur assistance à la machine militaire d'Hitler ? D'après les entreprises elles-mêmes, il est clair que non. Elles clament l'innocence de toute intention d'aider l'Allemagne d'Hitler. En témoigne un télégramme envoyé par le président du conseil d'administration de la Standard Oil du New Jersey au secrétaire à la Guerre Patterson après la Seconde Guerre mondiale, alors que l'enquête préliminaire sur l'aide de Wall Street était en cours :

> Pendant toute la période de nos contacts d'affaires, nous n'avions aucune idée du rôle de complice de Farben dans la politique brutale d'Hitler. Nous offrons toute l'aide que nous pouvons apporter pour que la vérité complète soit mise en lumière et que justice soit rendue de manière impartiale.
>
> F.W. Abrams, président du conseil d'administration

Malheureusement, les preuves présentées sont contraires aux affirmations télégraphiées d'Abrams. La Standard Oil du New Jersey a non seulement aidé la machine de guerre d'Hitler, mais elle avait connaissance de cette assistance. Emil Helfferich, le président du conseil d'administration d'une filiale de Standard of New Jersey, était membre du Cercle Keppler avant l'arrivée d'Hitler au pouvoir ; il a continué à apporter des contributions financières au Cercle Himmler jusqu'en 1944.

Par conséquent, il n'est pas du tout difficile de visualiser pourquoi les industriels nazis étaient perplexes face aux "enquêtes" et supposaient à la fin de la guerre que leurs amis de Wall Street allaient les renflouer et les protéger de la colère de ceux qui avaient souffert. Ces attitudes ont été présentées au Comité Kilgore en 1946 :

> Vous serez peut-être également intéressé de savoir, Monsieur le Président, que les dirigeants de I.G. Farben et d'autres, lorsque nous les avons interrogés sur ces activités, étaient parfois très indignes. Leur attitude générale et leurs attentes étaient que la guerre était terminée et nous devrions maintenant les aider à remettre I.G. Farben et l'industrie allemande sur pied. Certains d'entre eux ont dit ouvertement que cet interrogatoire et cette enquête n'étaient, selon eux, qu'un phénomène de courte durée, car dès que les choses se sont un peu tassées, ils s'attendaient à ce que leurs amis des États-Unis et d'Angleterre reviennent. Leurs amis, disaient-ils, mettraient un terme à des activités telles que ces enquêtes et veilleraient à ce qu'ils reçoivent le traitement qu'ils considèrent comme approprié et à ce qu'une aide leur soit apportée pour rétablir leur industrie.[186]

---

[186] Élimination des ressources allemandes, p. 652.

CHAPITRE XII

Conclusions

Nous avons démontré par des preuves documentées un certain nombre d'associations critiques entre les banquiers internationaux de Wall Street et la montée d'Hitler et du nazisme en Allemagne.

Premièrement : que Wall Street a financé les cartels allemands au milieu des années 20 qui, à leur tour, ont procédé à l'arrivée d'Hitler au pouvoir.

Deuxièmement : que le financement d'Hitler et de ses S.S. provenait en partie de filiales ou de sociétés affiliées à des entreprises américaines, dont Henry Ford en 1922, de paiements par I.G. Farben et General Electric en 1933, puis de la Standard Oil du New Jersey et de paiements de filiales d'I.T.T. à Heinrich Himmler jusqu'en 1944.

Troisièmement : que les multinationales américaines sous le contrôle de Wall Street ont largement profité du programme de construction militaire d'Hitler dans les années 1930 et au moins jusqu'en 1942.

Quatrièmement : que ces mêmes banquiers internationaux ont utilisé leur influence politique aux États-Unis pour dissimuler leur collaboration en temps de guerre et, pour ce faire, ont infiltré la Commission de contrôle américaine pour l'Allemagne.

Nos preuves pour ces quatre grandes affirmations peuvent être résumées comme suit :

Dans le premier chapitre, nous avons présenté des preuves que les plans Dawes et Young pour les réparations allemandes ont été formulés par des membres éminents de Wall Street, portant temporairement le chapeau d'hommes d'État, et ces prêts ont généré une pluie de profits pour ces banquiers internationaux. Owen Young de General Electric, Hjalmar Schacht, A. Voegler et d'autres personnes intimement liées à l'accession d'Hitler au pouvoir avaient été auparavant les négociateurs des parties américaine et allemande, respectivement. Trois maisons de Wall Street - Dillon, Read ; Harris, Forbes ; et, National City Company - ont géré les trois quarts des prêts de réparation utilisés pour créer le système de cartel allemand, y compris les dominants I.G. Farben et Vereinigte Stahlwerke, qui ont produit ensemble 95 pour cent des explosifs pour le camp nazi pendant la Seconde Guerre mondiale.

Le rôle central d'I.G. Farben dans le coup d'État d'Hitler a été examiné dans le chapitre deux. Les directeurs de l'entreprise américaine I.G. (Farben) ont été identifiés comme des hommes d'affaires américains de premier plan : Walter Teagle, un associé et bailleur de fonds de Roosevelt et un administrateur de la NRA ; le banquier Paul Warburg (son frère Max Warburg était au conseil d'administration d'I.G. Farben en Allemagne) ; et Edsel Ford. Farben a versé 400 000 RM directement à Schacht et Hess pour les élections cruciales de 1933 et Farben a ensuite été à l'avant-garde du développement militaire dans l'Allemagne nazie.

Un don de 60.000 RM a été fait à Hitler par la General Electric allemande (A.E.G.), qui avait quatre directeurs et une participation de 25-30% détenue par la société mère américaine General Electric. Ce rôle a été décrit au chapitre trois, et nous avons constaté que Gerard Swope, un des initiateurs du New Deal de Roosevelt (son segment de l'Administration nationale de redressement), ainsi qu'Owen Young de la Banque de la Réserve Fédérale de New York et Clark Minor d'International General Electric, étaient les personnages dominants de Wall Street de A.E.G. et l'influence unique la plus significative.

Nous n'avons également trouvé aucune preuve permettant d'inculper la société allemande d'électricité Siemens, qui n'était pas sous le contrôle de Wall Street. En revanche, il existe des preuves documentaires que tant A.E.G. qu'Osram, les autres unités de l'industrie électrique allemande - qui avaient toutes deux une participation et un contrôle américains - ont financé Hitler. En fait, presque tous les directeurs de la General Electric allemande étaient des bailleurs de fonds d'Hitler, soit directement par l'intermédiaire d'A.E.G., soit indirectement par l'intermédiaire d'autres entreprises allemandes. G.E. a complété son soutien à Hitler par une coopération technique avec Krupp, visant à restreindre le développement américain du carbure de tungstène, qui a fonctionné au détriment des États-Unis pendant la Seconde Guerre mondiale. Nous avons conclu que les usines A.E.G. en Allemagne ont réussi, par une manœuvre encore inconnue, à éviter les bombardements des Alliés.

Un examen du rôle de la Standard Oil du New Jersey (qui était et est contrôlée par les intérêts de Rockefeller) a été entrepris au chapitre quatre. Standard Oil n'a apparemment pas financé l'accession d'Hitler au pouvoir en 1933 (cette partie du "mythe propagé par Sidney Warburg" n'est pas prouvée). En revanche, des paiements ont été effectués jusqu'en 1944 par la Standard Oil du New Jersey, pour développer de l'essence synthétique à des fins de guerre pour le compte des nazis et, par le biais de sa filiale à 100%, au Cercle des amis S.S. de Heinrich Himmler à des fins politiques. Le rôle de Standard Oil était d'apporter une aide technique au développement nazi du caoutchouc et de l'essence synthétiques par le biais d'une société de recherche américaine sous le contrôle de la direction de Standard Oil. L'Ethyl Gasoline Company, détenue conjointement par Standard Oil du New Jersey et General Motors, a joué un rôle essentiel dans la fourniture de plomb éthylique vital à l'Allemagne nazie - malgré les protestations écrites du ministère américain de la Guerre - en sachant clairement que le plomb éthylique était destiné à des fins militaires nazies.

Dans le chapitre cinq, nous avons démontré que l'International Telephone and Telegraph Company, l'une des multinationales les plus connues, a travaillé des deux côtés de la Seconde Guerre mondiale par l'intermédiaire du baron Kurt von Schroder, du groupe bancaire Schroder. I.T.T. détenait également 28% des parts de la société Focke-Wolfe, qui fabriquait d'excellents avions de chasse allemands. Nous avons également découvert que Texaco (Texas Oil Company) était impliquée dans les entreprises nazies par l'intermédiaire de l'avocat allemand Westrick, mais qu'elle avait renoncé à son président du conseil d'administration Rieber lorsque ces entreprises ont été rendues publiques.

Henry Ford a été un des premiers (1922) partisans d'Hitler et Edsel Ford a poursuivi la tradition familiale en 1942 en encourageant la Ford française à tirer profit de l'armement de la Wehrmacht allemande. Par la suite, ces véhicules produits par Ford ont été utilisés contre les soldats américains lors de leur débarquement en France en 1944. Pour sa reconnaissance précoce et son aide opportune aux nazis, Henry Ford a reçu une médaille nazie en 1938. Les archives de French Ford suggèrent que Ford Motor a reçu des nazis un traitement particulièrement favorable après 1940.

Les pistes du financement d'Hitler sont rassemblées dans le chapitre sept et répondent avec des noms et des chiffres précis à la question : qui a financé Adolf Hitler ? Ce chapitre met en accusation Wall Street et, incidemment, personne d'autre d'importance aux États-Unis, à l'exception de la famille Ford. La famille Ford n'est pas normalement associée à Wall Street mais fait certainement partie de "l'élite du pouvoir".

Dans les chapitres précédents, nous avons cité plusieurs associés de Roosevelt, notamment Teagle de Standard Oil, la famille Warburg et Gerard Swope. Dans le chapitre huit, le rôle de Putzi Hanfstaengl, un autre ami de Roosevelt et un participant à l'incendie du Reichstag, est retracé. La composition du cercle intérieur nazi pendant la Seconde Guerre mondiale, et les contributions financières de la Standard Oil du New Jersey et des filiales de l'I.T.T. sont retracées au chapitre neuf. Des preuves documentaires de ces contributions financières sont présentées. Kurt von Schröder est identifié comme l'intermédiaire clé dans la gestion de cette "caisse noire" de la S.S.

Enfin, au chapitre 10, nous avons passé en revue un livre supprimé en 1934 et le "mythe de Sidney Warburg". Le livre censuré accusait les Rockefeller, les Warburg et les grandes compagnies pétrolières d'avoir financé Hitler. Si le nom "Sidney Warburg" était sans aucun doute une invention, le fait extraordinaire reste que l'argument du livre supprimé écrit par un certain "Sidney Warburg" est remarquablement proche des preuves présentées ici. Il reste également à savoir pourquoi James Paul Warburg, quinze ans plus tard, voudrait tenter, de manière plutôt transparente et glissante, de réfuter le contenu du livre de "Warburg", un livre qu'il prétend ne pas avoir vu. Il est peut-être encore plus difficile de comprendre pourquoi Warburg a choisi les *Mémoires* du nazi von Papen pour présenter sa réfutation.

Enfin, au chapitre 11, nous avons examiné le rôle des banques Morgan et Chase dans la Seconde Guerre mondiale, et plus particulièrement leur collaboration avec les nazis en France alors qu'une guerre majeure faisait rage.

En d'autres termes, comme dans nos deux précédents examens des liens entre les banquiers internationaux de New York et les grands événements historiques, nous constatons un schéma avéré de subvention et de manipulation politique.

L'INFLUENCE PRÉPONDÉRANTE DES BANQUIERS INTERNATIONAUX

En examinant le large éventail de faits présentés dans les trois volumes de la série Wall Street, on constate la récurrence persistante des mêmes noms : Owen Young, Gerard Swope, Hjalmar Schacht, Bernard Baruch, etc. ; les mêmes banques internationales : J.P. Morgan, Guaranty Trust, Chase Bank ; et le même endroit à New York : généralement le 120 Broadway.

Ce groupe de banquiers internationaux a soutenu la révolution bolchevique et a ensuite profité de la création d'une Russie soviétique. Ce groupe a soutenu Roosevelt et a profité du socialisme du New Deal. Ce groupe a également soutenu Hitler et a certainement profité de l'armement allemand dans les années 1930. Alors que le Big Business aurait dû mener ses activités commerciales chez Ford Motor, Standard of New Jersey, etc., nous le trouvons activement et profondément impliqué dans les bouleversements politiques, la guerre et les révolutions dans trois grands pays.

La version de l'histoire présentée ici est que l'élite financière a sciemment et avec préméditation assisté la révolution bolchevique de 1917 de concert avec les banquiers allemands. Après avoir largement profité de la détresse hyperinflationniste allemande de 1923, et avoir prévu de faire porter le fardeau des réparations allemandes sur le dos des investisseurs américains, Wall Street a découvert qu'elle avait provoqué la crise financière de 1929.

Deux hommes ont alors été soutenus en tant que leaders pour les principaux pays occidentaux : Franklin D. Roosevelt aux États-Unis et Adolf Hitler en Allemagne. Le New Deal de Roosevelt et le plan de quatre ans de Hitler présentaient de grandes similitudes. Les plans Roosevelt et Hitler étaient des plans de prise de contrôle de leurs pays respectifs par les fascistes. Alors que la NRA de Roosevelt a échoué, en raison des contraintes constitutionnelles en vigueur à l'époque, le Plan de Hitler a réussi.

Pourquoi l'élite de Wall Street, les banquiers internationaux, voulaient-ils Roosevelt et Hitler au pouvoir ? C'est un aspect que nous n'avons pas exploré. Selon le "mythe de Sidney Warburg", Wall Street voulait une politique de vengeance, c'est-à-dire une guerre en Europe entre la France et l'Allemagne. Nous savons, même par l'histoire de l'establishment, que tant Hitler que Roosevelt ont mis en œuvre des politiques menant à la guerre.

Les liens entre les personnes et les événements dans cette série de trois livres nécessiteraient un autre livre. Mais un seul exemple indiquera peut-être la remarquable concentration de pouvoir au sein d'un nombre relativement restreint d'organisations, et l'utilisation qui fut faite de ce pouvoir.

Le 1er mai 1918, alors que les bolcheviks ne contrôlaient qu'une petite partie de la Russie (et allaient même faillir perdre cette partie durant l'été 1918), la Ligue américaine d'aide et de coopération avec la Russie fut organisée à Washington pour soutenir les bolcheviks. Ce n'était pas un comité du type "Pas touche à la Russie" formé par le parti communiste américain ou ses alliés. C'était un comité créé par Wall Street avec George P. Whalen de la Vacuum Oil Company comme trésorier et Coffin and Oudin de la General Electric, ainsi que Thompson du Système de la Réserve Fédérale, Willard de la Baltimore & Ohio Railroad, et divers socialistes.

Lorsque nous regardons la montée d'Hitler et du nazisme, nous trouvons Vacuum Oil et General Electric bien représentés. L'ambassadeur Dodd en Allemagne a été frappé par la contribution monétaire et technique de la Vacuum Oil Company, contrôlée par Rockefeller, à la construction d'installations militaires d'essence pour les nazis. L'ambassadeur a tenté de mettre en garde Roosevelt. Dodd croyait, dans son apparente naïveté concernant la conduite des affaires mondiales, que Roosevelt interviendrait, mais Roosevelt lui-même était soutenu par ces mêmes intérêts pétroliers et Walter Teagle de la Standard Oil du New Jersey et de la NRA était au conseil d'administration de la Fondation Warm Springs de Roosevelt. Ainsi, dans un exemple parmi tant d'autres, nous trouvons la Vacuum Oil Company, contrôlée par Rockefeller, qui a joué un rôle important dans la création de la Russie bolchevique, le renforcement militaire de l'Allemagne nazie et le soutien du New Deal de Roosevelt.

LES ÉTATS-UNIS SONT-ILS DIRIGÉS PAR UNE ÉLITE DICTATORIALE ?

Depuis une dizaine d'années, et certainement depuis les années 1960, un flux constant de littérature a présenté la thèse selon laquelle les États-Unis sont dirigés par une élite non élue et qui se perpétue elle-même. En outre, la plupart de ces livres affirment que cette élite contrôle, ou du moins influence fortement, toutes les décisions de politique étrangère et intérieure, et qu'aucune idée ne devient respectable ou n'est publiée aux États-Unis sans l'approbation tacite, ou peut-être le manque de désapprobation, de ce cercle élitiste.

De toute évidence, le flux même de la littérature anti-establishment témoigne en soi du fait que les États-Unis ne peuvent être entièrement sous la coupe d'un seul groupe ou d'une seule élite. D'autre part, la littérature anti-establishment n'est pas pleinement reconnue ou raisonnablement discutée dans les cercles académiques ou médiatiques. Le plus souvent, elle consiste en une édition limitée, produite à titre privé et diffusée presque de main à main. Il y a quelques exceptions, certes, mais pas assez pour contester l'observation selon laquelle les critiques anti-establishment n'entrent pas facilement dans les canaux d'information/distribution normaux.

Alors qu'au début et au milieu des années 60, tout concept de domination par une élite conspiratrice, ou même par n'importe quelle sorte d'élite, était une raison suffisante pour rejeter d'emblée son promoteur comme un "cinglé", l'atmosphère pour de tels concepts a radicalement changé. L'affaire du Watergate a probablement apporté la touche finale à un environnement de scepticisme et de doute qui se développait depuis longtemps. Nous en sommes presque au point où quiconque accepte, par exemple, le rapport de la Commission Warren, ou croit que le déclin et la chute de M. Nixon n'ont pas eu d'aspects conspirateurs, est suspect. En bref, plus personne ne croit vraiment au processus d'information de l'establishment. Et il existe une grande variété de présentations alternatives des événements désormais disponibles pour les curieux.

Plusieurs centaines de livres, couvrant tout l'éventail du spectre politique et philosophique, ajoutent des bribes de preuves, des hypothèses et des accusations. Ce qui était il n'y a pas si longtemps une idée farfelue, dont on parlait à minuit derrière des portes closes, dans des chuchotements feutrés et presque conspirateurs, est maintenant ouvertement débattu - non pas, bien sûr, dans les journaux de l'establishment, mais certainement dans des talk-shows radio hors réseau, dans la presse clandestine, et même de temps en temps dans des livres de maisons d'édition respectables de l'establishment.

Posons donc à nouveau la question : Y a-t-il une élite de pouvoir non élue derrière le gouvernement américain ?

Une source d'information substantielle et souvent citée est Carroll Quigley, professeur de relations internationales à l'université de Georgetown, qui a publié en 1966 une histoire moderne monumentale intitulée *Tragédie et Espoir*.[187] Le livre de Quigley se distingue des autres dans cette veine révisionniste, du fait qu'il est basé sur une étude de deux ans des documents internes d'un des centres de pouvoir. Quigley retrace l'histoire de l'élite du pouvoir :

> ... les pouvoirs du capitalisme financier avaient un autre objectif de grande envergure, rien de moins que de créer un système mondial de contrôle financier entre des mains privées capables de dominer le système politique de chaque pays et l'économie du monde dans son ensemble.

---

[187] Carroll Quigley, *Tragedy and Hope, a history of the World in our time*, op. cit.

Quigley démontre également que le Council on Foreign Relations, la National Planning Association et d'autres groupes sont des organes de décision "semi-secrets" sous le contrôle de cette élite au pouvoir.

Dans la présentation tabulaire suivante, nous avons énuméré cinq ouvrages de ce type, dont celui de Quigley. Leurs thèses essentielles et leur compatibilité avec les trois volumes de la série "Wall Street" sont résumées. Il est surprenant que dans les trois grands événements historiques notés, les supputations de Carroll Quigley ne soient pas du tout compatibles avec les preuves présentes dans la série "Wall Street". Quigley fait beaucoup pour prouver l'existence de l'élite au pouvoir, mais ne pénètre pas les opérations de cette dite élite.

Il est possible que les documents utilisés par Quigley aient été expurgés et qu'ils ne contiennent pas d'éléments probants sur la manipulation élitiste d'événements tels que la révolution bolchevique, l'accession d'Hitler au pouvoir et l'élection de Roosevelt en 1933. Il est plus probable que ces manipulations politiques ne soient pas du tout consignées dans les dossiers des groupes de pouvoir. Il se peut qu'il s'agisse d'actions non enregistrées d'un petit segment *ad hoc* de l'élite. Il est à noter que les documents utilisés par nous proviennent de sources gouvernementales, enregistrant les actions quotidiennes de Trotsky, Lénine, Roosevelt, Hitler, J.P. Morgan et des différentes entreprises et banques impliquées.

D'autre part, des auteurs tels que Jules Archer, Gary Allen, Helen P. Lasell et William Domhoff, écrivent à partir de points de vue politiques très différents[188], sont en accord avec les preuves présentées dans la trilogie "Wall Street". Ces écrivains présentent l'hypothèse d'une élite au pouvoir manipulant le gouvernement américain. La série "Wall Street" démontre comment cette "élite du pouvoir" hypothétique a manipulé des événements historiques spécifiques.

Il est évident que tout exercice d'un tel pouvoir sans contrainte et supra-légal est inconstitutionnel, même s'il est enveloppé dans le cadre d'actions respectueuses de la loi. Nous pouvons donc légitimement soulever la question de l'existence d'une force subversive opérant pour supprimer des droits garantis par la Constitution.

---

[188] Il y en a beaucoup d'autres ; l'auteur a choisi plus ou moins au hasard deux conservateurs (Allen et Lasell) et deux libéraux (Archer et Domhoff).

L'ÉLITE DE NEW YORK COMME FORCE SUBVERSIVE

L'histoire du XXe siècle, telle qu'elle est consignée dans les manuels et les revues de l'establishment, est inexacte. C'est une histoire qui se fonde uniquement sur les documents officiels que diverses administrations ont jugé bon de mettre à la disposition du public.

Table : **LES PREUVES DE LA SÉRIE "WALL STREET" SONT-ELLES COHÉRENTES AVEC LES ARGUMENTS RÉVISIONNISTES CONNEXES PRÉSENTÉS AILLEURS ?**

(1) New York : MacMillan, 1966.

(2) New York : Hawthorn, 1973.

(3) Seal Beach : Concord Press, 1971.

(4) New York : Liberty, 1963.

(5) New Jersey : Prentice Hall, 1967.

WALL STREET ET L'ASCENSION D'HITLER

Auteur et titre :	Thèse essentielle :	La thèse est-elle cohérente avec : (1) Wall Street et la révolution bolchevique	(2) Wall Street et FDR	(3) Wall Street et la montée d'Hitler
Carroll QUIGLEY : *Tragedy and Hope* (1)	L'établissement de la côte Est "semi-secret" et les verrouillages jouent un rôle dominant dans la planification et la politique aux États-Unis.	Quigley n'inclut pas les preuves présentées dans *Wall Street et la révoution bolchevique* (pp. 385-9)	Non : L'argument de Quigley est totalement incompatible avec ce qui précède (voir p. 533)	Le récit de Quigley sur la montée d'Hitler (pp. 529-33) ne contient pas de preuves de l'implication de l'establishment.
Jules ARCHER : *Plot to seize the White House* (2)	En 1933-4, il y a eu une conspiration de Wall Street pour supprimer FDR et installer une dictature fasciste aux États-Unis.	Pas pertinent, mais les éléments de Wall Street cités par Archer étaient impliqués dans la révolution bolchevique.	Oui : en général, les preuves d'Archer sont cohérentes, sauf que le rôle de FDR est interprété différemment.	Les parties d'Archer portant sur Hitler et le nazisme sont conformes à ce qui précède.
Gary ALLEN : *None Dare Call It Conspiracy* (3)	Il existe une conspiration secrète (le Council on Foreign Relations) visant à installer une dictature aux États-Unis et, en fin de compte, à contrôler le	Oui; à l'exception de variations mineures sur le financement.	Non inclus dans Allen mais cohérent.	Non inclus dans Allen mais cohérent.
Helen P. LASELL : *Power Behind the Government today* (4)	Le Council on Foreign Relations est une organisation subversive secrète qui se consacre au renversement du gouvernement constitutionnel aux	Les preuves de Lasell sont conformes à ce qui précède.	Les preuves de Lasell sont conformes à ce qui précède.	Les preuves de Lasell sont conformes à ce qui précède
William DOMHOFF : *Who Rules America?* (5)	Il existe une "élite du pouvoir" qui contrôle toutes les grandes banques, les entreprises, les fondations, le pouvoir exécutif et les agences de régulation du gouvernement américain.	La série ci-dessus étend l'argumentation de Dombolls à la politique étrangère.	La série ci-dessus étend l'argumentation de Domhoff aux élections présidentielles.	La série ci-dessus étend l'argument de Domhoffs à la politique étrangère.

Mais une histoire précise ne peut pas se baser sur une diffusion sélective des archives documentaires. L'exactitude exige l'accès à tous les documents. En pratique, à mesure que sont acquis les documents précédemment classés dans les dossiers du Département d'État américain, du ministère britannique des Affaires étrangères, des archives du ministère allemand des Affaires étrangères et d'autres dépositaires, une nouvelle version de l'histoire apparaît ; la version de l'establishment qui prévaut est considérée comme non seulement inexacte, mais aussi conçue pour dissimuler un tissu omniprésent de tromperie et de conduite immorale.

Le centre du pouvoir politique, tel qu'autorisé par la Constitution américaine, est constitué d'un Congrès et d'un Président élus, travaillant dans le cadre et sous les contraintes d'une Constitution, telle qu'interprétée par une Cour suprême impartiale. Par le passé, nous avons supposé que le pouvoir politique était par conséquent soigneusement exercé par les pouvoirs exécutif et législatif, après délibération et évaluation des souhaits de l'électorat. En fait, rien ne pourrait être plus éloigné de cette hypothèse. L'électorat soupçonne depuis longtemps, mais sait maintenant, que les promesses politiques ne valent rien. Le mensonge est à l'ordre du jour pour les responsables de la mise en œuvre des politiques. Les guerres sont lancées (et arrêtées) sans la moindre explication cohérente. Les discours politiques ne sont jamais assortis d'actes correspondants. Pourquoi en serait-il autrement ? Apparemment parce que le centre du pouvoir politique a été déplacé ailleurs au détriment des représentants élus et apparemment compétents de Washington, et que cette élite au pouvoir a ses propres objectifs, qui sont incompatibles avec ceux du grand public.

Dans cette série de trois volumes, nous avons identifié pour trois événements historiques que le siège du pouvoir politique aux États-Unis - le pouvoir en coulisses, l'influence cachée sur Washington - comme celui de l'établissement financier à New York : les banquiers privés internationaux, plus précisément les maisons financières de J.P. Morgan, la Chase Manhattan Bank contrôlée par Rockefeller et, dans les premiers temps (avant la fusion de leur Manhattan Bank avec l'ancienne Chase Bank), les Warburg.

Les États-Unis sont devenus, malgré la Constitution et ses prétendues contraintes, un État quasi totalitaire. Si nous n'avons pas (encore) les signes extérieurs de la dictature, les camps de concentration et le fait de frapper à la porte à minuit, nous avons très certainement des menaces et des actions visant la survie des critiques qui ne sont pas de l'establishment, l'utilisation de l'Internal Revenue Service pour mettre les dissidents au pas, et la manipulation de la Constitution par un système judiciaire politiquement inféodé à l'establishment.

Il est dans l'intérêt pécuniaire des banquiers internationaux de centraliser le pouvoir politique - et cette centralisation peut être réalisée au mieux à travers la mise en place d'une société collectiviste, telle que la Russie socialiste, l'Allemagne nationale-socialiste ou les États-Unis socialistes sous la planification de la Fabian Society.

On ne peut pas comprendre et apprécier pleinement la politique américaine du XXe siècle et la politique étrangère sans se rendre compte que cette élite financière monopolise effectivement la politique de Washington.

Dans tous les cas, les documents récemment publiés impliquent cette élite et confirment cette hypothèse. Les versions révisionnistes de l'entrée des États-Unis dans les Première et Deuxième guerres mondiales, de la Corée et du Vietnam révèlent l'influence et les objectifs de cette élite.

Pendant la plus grande partie du XXe siècle, le système de la Réserve fédérale, en particulier la Federal Reserve Bank of New York (qui échappe au contrôle du Congrès, non auditée et non contrôlée, avec le pouvoir d'imprimer de la monnaie et de créer du crédit à volonté), a exercé un quasi-monopole sur la direction de l'économie américaine. Dans le domaine des affaires étrangères, le Council on Foreign Relations, qui est en apparence un forum innocent pour les universitaires, les hommes d'affaires et les politiciens, contient dans sa coquille, peut-être inconnue de beaucoup de ses membres, un centre de pouvoir qui détermine unilatéralement la politique étrangère américaine. Le principal objectif de cette politique étrangère submergée - et manifestement subversive - est l'acquisition de marchés et de pouvoir économique (de profits, si vous voulez), pour un petit groupe de multinationales géantes sous le contrôle virtuel de quelques sociétés d'investissement bancaire et de familles qui les contrôlent.

Par le biais de fondations pilotées par cette élite, les recherches d'universitaires dociles et sans scrupules, "conservateurs" comme "libéraux", ont été conduites vers des directions utiles aux objectifs de l'élite essentiellement pour maintenir cet appareil de pouvoir subversif et anticonstitutionnel.

Par le biais de maisons d'édition contrôlées par cette même élite financière, des livres malvenus ont été écartés et des livres utiles ont été promus ; heureusement, l'édition comporte peu de barrières à l'entrée et parvient presque toujours à rester dans le cadre d'une saine compétition. Grâce au contrôle d'une douzaine de grands journaux, dirigés par des éditeurs qui pensent tous de la même façon, l'information du public peut être orchestrée presque à volonté. Hier, le programme spatial ; aujourd'hui, une crise énergétique ou une campagne pour l'écologie ; demain, une guerre au Moyen-Orient ou une autre "crise" fabriquée.

Le résultat total de cette manipulation de la société par l'élite de l'establishment a été quatre grandes guerres en soixante ans, une dette nationale paralysante, l'abandon de la Constitution, la suppression de la liberté individuelle et des opportunités offertes à l'exercice des talents naturels, et la création d'un vaste fossé de crédibilité entre l'homme de la rue et Washington, D.C. Alors que le dispositif transparent de deux grands partis clamant des différences artificielles, avec ces conventions se changeant en foire d'empoigne et le cliché d'une "politique étrangère bipartite" n'est plus crédible et que l'élite financière elle-même reconnaît que ses politiques ne sont pas acceptées par le public, elle est manifestement prête à faire cavalier seul sans même chercher un soutien public nominal.

En bref, nous devons maintenant examiner et débattre pour savoir si cet establishment élitiste basé à New York est une force subversive opérant délibérément pour supprimer la Constitution et empêcher le fonctionnement d'une société libre. Telle sera la tâche qui nous attend au cours de la prochaine décennie.

LA VÉRITÉ RÉVISIONNISTE QUI ÉMERGE LENTEMENT

L'arène de ce débat et le fondement de nos accusations de subversion sont les preuves fournies par l'historien révisionniste. Lentement, au fil des décennies, livre par livre, presque ligne par ligne, la vérité de l'histoire récente a émergé au fur et à mesure que les documents étaient publiés, sondés, analysés et placés dans un cadre historique plus valable.

Examinons quelques exemples. L'entrée des États-Unis dans la Seconde Guerre mondiale aurait été précipitée, selon la version de l'establishment, par l'attaque japonaise sur Pearl Harbor. Les révisionnistes ont établi que Franklin D. Roosevelt et le général Marshall étaient au courant de l'attaque japonaise imminente et n'ont rien fait pour avertir les autorités militaires de Pearl Harbor.

L'establishment voulait la guerre avec le Japon. Par la suite, l'establishment s'est assuré que l'enquête du Congrès sur Pearl Harbor serait conforme à la politique de Roosevelt. Selon les mots de Percy

Greaves, expert en chef de la minorité républicaine au sein de la commission parlementaire mixte chargée de l'enquête sur Pearl Harbor :

> Les faits complets ne seront jamais connus. La plupart des soi-disant enquêtes ont été des tentatives pour supprimer, tromper ou confondre ceux qui cherchent la vérité. Du début à la fin, les faits et les dossiers ont été dissimulés afin de ne révéler que les éléments d'information qui profitent à l'administration faisant l'objet de l'enquête. On dit à ceux qui cherchent la vérité que d'autres faits ou documents ne peuvent être révélés parce qu'ils sont mêlés à des journaux intimes, qu'ils concernent nos relations avec des pays étrangers ou ne contiennent aucune information de valeur.[189]

Mais ce n'était pas la première ni la dernière tentative de faire entrer les États-Unis en guerre. Les intérêts de Morgan, de concert avec Winston Churchill, ont essayé d'entrainer les États-Unis dans la Première Guerre mondiale dès 1915 et y sont parvenus en 1917. L'ouvrage *Lusitania* de Colin Thompson implique le président Woodrow Wilson dans le fameux naufrage - un stratagème d'horreur destiné à générer une réaction publique pour entraîner les États-Unis dans la guerre contre l'Allemagne. Thompson démontre que Woodrow Wilson savait quatre jours à l'avance que le Lusitania transportait six millions de munitions plus des explosifs, et donc que "les passagers qui se proposaient de naviguer sur ce navire naviguaient en violation des lois de ce pays".[190]

La commission d'enquête britannique dirigée par Lord Mersey a reçu l'instruction du gouvernement britannique "qu'il est considéré comme politiquement opportun que le capitaine Turner, le capitaine du *Lusitania*, soit désigné comme le principal responsable du désastre".

Rétrospectivement, compte tenu des preuves de Colin Thompson, il est plus juste d'attribuer la faute au président Wilson, au colonel House, à J.P. Morgan et à Winston Churchill ; cette élite conspiratrice aurait dû être jugée pour négligence délibérée, voire pour trahison. C'est à l'honneur éternel de Lord Mersey qu'après avoir accompli son "devoir" selon les instructions du gouvernement de Sa Majesté, et en faisant porter le blâme au capitaine Turner, il a démissionné, rejeté ses honoraires et, à partir de cette date, refusé de s'occuper des commissions du gouvernement britannique. À ses amis, Lord Mersey disait du naufrage du *Lusitania* qu'il s'agissait d'une "sale affaire".

---

[189] Percy L. Greaves, Jr, "The Pearl Harbor Investigation", dans Harry Elmer Harnes, *Perpetual War for Perpetual Peace,* (Caldwell : Caxton Printers, 1953), p, 13-20.

[190] Colin Simpson, *Lusitania,* (Londres : Longman, 1972), p, 252.

Puis, en 1933-4, la firme Morgan a tenté d'installer une dictature fasciste aux États-Unis. Selon les termes de Jules Archer, il était prévu qu'un putsch fasciste prenne le contrôle du gouvernement et "le dirige sous la direction d'un dictateur au nom des banquiers et des industriels américains".[191] Une fois de plus, un seul individu courageux a émergé - le général Smedley Darlington Butler, qui a dénoncé la conspiration de Wall Street. Et une fois de plus, le Congrès se distingue, en particulier les membres du Congrès Dickstein et MacCormack, par son refus lâche de ne faire que mener une enquête symbolique de blanchissage.

Depuis la Seconde Guerre mondiale, nous avons assisté à la guerre de Corée et à la guerre du Vietnam, des guerres inutiles, longues et coûteuses en dollars et en vies humaines, qui n'ont d'autre but que de générer des contrats d'armement de plusieurs milliards de dollars. Il est certain que ces guerres n'ont pas été menées pour endiguer le communisme, car pendant cinquante ans, l'establishment a entretenu et subventionné l'Union soviétique qui fournissait des armes aux autres parties belligérantes au cours des deux guerres - la Corée et le Vietnam. Notre histoire révisionniste montrera donc que les États-Unis ont directement ou indirectement armé les deux parties, au moins en Corée et au Viêt Nam.

Dans l'assassinat du président Kennedy, pour prendre un exemple national, il est difficile de trouver quelqu'un qui accepte aujourd'hui les conclusions de la Commission Warren - sauf peut-être les membres de cette Commission. Pourtant, des preuves essentielles sont encore cachées aux yeux du public pendant 50 à 75 ans. L'affaire du Watergate a démontré, même à l'homme de la rue, que la Maison-Blanche peut être un nid d'intrigues et de tromperies.

De toute l'histoire récente, l'histoire de l'opération Keelhaul[192] est peut-être la plus dégoûtante. L'opération Keelhaul a été le rapatriement forcé de millions de Russes sur ordre du président (alors général) Dwight D. Eisenhower, en violation directe de la Convention de Genève de 1929 et de la longue tradition américaine de refuge politique. L'opération Keelhaul, qui contrevient à toutes nos idées de décence élémentaire et de liberté individuelle, a été entreprise sur les ordres directs du général Eisenhower et, nous pouvons maintenant le présumer, faisait partie d'un programme à long terme visant à nourrir le collectivisme, qu'il s'agisse

---

[191] Jules Archer, *The Plot to Seize the White House*, (New York : Hawthorn Book, 1973), p. 202.

[192] Voir Julius Epstein, *Operation Keelhaul*, (Old Greenwich : Devin Adair, 1973).

du nazisme d'Hitler du communisme soviétique ou du New Deal de FDR. Pourtant, jusqu'à la récente publication de preuves documentaires par Julius Epstein, quiconque osait suggérer qu'Eisenhower trahirait des millions d'individus innocents à des fins politiques était vicieusement et impitoyablement attaqué. [193]

Ce que cette histoire révisionniste nous apprend réellement, c'est que notre volonté, en tant que citoyens individuels, de céder le pouvoir politique à une élite a coûté environ la mort de deux cents millions de personnes tuées dans le monde entre 1820 et 1975. Ajoutez à cette misère indescriptible les camps de concentration, les prisonniers politiques, la répression et l'oppression de ceux qui tentent de faire éclater la vérité.

Quand tout cela va-t-il s'arrêter ? Cela ne s'arrêtera pas tant que nous n'aurons pas agi sur la base d'un simple axiome : le système de pouvoir ne continue que tant que les individus le souhaitent, et il ne continuera que tant que les individus tenteront d'obtenir quelque chose pour rien. Le jour où une majorité d'individus déclarera ou agira comme si elle ne voulait rien du gouvernement, déclarera qu'elle s'occupera de son propre bien-être et de ses intérêts, alors ce jour-là, les élites au pouvoir seront condamnées. L'attrait de "suivre" les élites du pouvoir repose sur l'attrait d'obtenir quelque chose pour rien. C'est une forme d'appât. L'establishment offre toujours quelque chose pour rien ; mais ce quelque chose est pris à quelqu'un d'autre, sous forme d'impôts ou de pillage, et attribué ailleurs en échange d'un soutien politique.

Les crises et les guerres périodiques sont utilisées pour alimenter d'autres cycles de pillage et de récompense qui, en fait, resserrent le nœud coulant autour de nos libertés individuelles. Et bien sûr, nous avons des hordes de larves universitaires, d'hommes d'affaires amoraux et de simples parasites, qui sont les bénéficiaires improductifs du pillage généralisé.

Mettons un terme à ce cercle vicieux du pillage et de la récompense immorale et les structures élitistes s'effondreront. Mais la tuerie et le pillage ne cesseront pas tant qu'une majorité n'aura pas trouvé le courage moral et la force intérieure de rejeter le jeu de l'escroquerie et de le remplacer par des associations bénévoles, des communes volontaires ou des sociétés locales décentralisées.

---

[193] Voir par exemple Robert Welch, *The Politician*, (Belmont, Mass. : Belmont Publishing Co., 1963).

Annexe A

Programme du parti ouvrier national-socialiste allemand

Note : Ce programme est important car il démontre que la nature du nazisme était connue publiquement dès 1920.

LE PROGRAMME

Le programme du parti des travailleurs allemands est limité dans le temps. Les dirigeants n'ont pas l'intention, une fois les objectifs annoncés dans ce programme atteints, d'en créer de nouveaux, simplement pour accroître artificiellement le mécontentement des masses et assurer ainsi la pérennité du parti.

1. Nous demandons l'union de tous les Allemands pour former une Grande Allemagne sur la base du droit à l'autodétermination dont jouissent les nations.

2. Nous demandons l'égalité des droits du peuple allemand dans ses relations avec les autres nations et l'abolition des traités de paix de Versailles et de Saint-Germain.

3. Nous demandons des terres et des territoires (colonies) pour nourrir notre peuple et pour installer notre population superflue.

4. Seuls les membres de la nation peuvent être citoyens de l'État. Seuls ceux qui sont de sang allemand, quelle que soit leur croyance, peuvent être membres de la nation. Aucun Juif ne peut donc être membre de la nation.

5. Toute personne qui n'est pas citoyenne de l'État ne peut vivre en Allemagne qu'en tant qu'hôte et doit être considérée comme étant soumise à des lois étrangères.

6. Le droit de vote sur le gouvernement et la législation de l'État doit être exercé par le seul citoyen de l'État. Nous exigeons donc que toutes les nominations officielles, de quelque nature qu'elles soient, que ce soit dans le Reich, dans le pays ou dans les petites localités, soient accordées aux seuls citoyens de l'État.

7. Nous nous opposons à la coutume corruptrice du Parlement qui consiste à pourvoir des postes uniquement en fonction de considérations partisanes, sans référence à la personnalité ou aux capacités.

8. Nous exigeons que l'État se donne pour premier devoir de promouvoir l'industrie et les moyens de subsistance des citoyens de l'État. S'il n'est pas possible de nourrir toute la population de l'État, les ressortissants étrangers (non-citoyens de l'État) doivent être exclus du Reich.

Toute immigration non allemande doit être empêchée. Nous exigeons que tous les non-allemands entrés en Allemagne après le 2 août 1914 soient immédiatement obligés de quitter le Reich.

9. Tous les citoyens de l'État sont égaux en droits et en devoirs.

10. Le premier devoir de chaque citoyen de l'État doit être de travailler avec son esprit ou avec son corps. Les activités de l'individu ne doivent pas entrer en conflit avec les intérêts de l'ensemble, mais doivent se dérouler dans le cadre de la communauté et être destinées au bien général.

Nous exigeons donc :

11. Suppression des revenus non gagnés par le travail.

L'ABOLITION DE LA SERVITUDE D'INTÉRÊT

12. Compte tenu de l'énorme sacrifice de vies et de biens exigé d'une nation par chaque guerre, l'enrichissement personnel dû à une guerre doit être considéré comme un crime contre la nation. Nous demandons donc la confiscation impitoyable de tous les gains de guerre,

13. Nous demandons la nationalisation de toutes les entreprises qui ont été jusqu'à présent constituées en sociétés (Trusts).

14. Nous demandons que les bénéfices du commerce de gros soient répartis.

15. Nous exigeons un développement important de l'offre pour la vieillesse.

16. Nous exigeons la création et le maintien d'une classe moyenne saine, la communalisation immédiate des locaux commerciaux de gros et leur location à un tarif bon marché aux petits commerçants, et qu'une extrême considération soit accordée à tous les petits fournisseurs de l'État, des autorités de district et des petites localités.

17. Nous demandons une réforme foncière adaptée à nos besoins nationaux, l'adoption d'une loi sur la confiscation sans compensation des terres à usage communal, la suppression des intérêts sur les prêts fonciers et la prévention de toute spéculation foncière.

18. Nous exigeons des poursuites impitoyables à l'encontre de ceux dont les activités sont préjudiciables à l'intérêt commun. Les sordides criminels contre la nation, les usuriers, les profiteurs, etc. doivent être punis de mort, quelles que soient leurs croyances ou leur race.

19. Nous demandons que la loi romaine, qui sert l'ordre mondial matérialiste, soit remplacée par un système juridique pour toute l'Allemagne.

20. Dans le but d'ouvrir à tout Allemand capable et travailleur la possibilité de faire des études supérieures et d'obtenir ainsi un avancement, l'État doit

envisager une refonte en profondeur de notre système national d'éducation. Le programme d'études de tous les établissements d'enseignement doit être adapté aux exigences de la vie pratique. La compréhension de l'idée d'État (sociologie de l'État) doit être l'objectif de l'école, à partir de la première aube de l'intelligence chez l'élève. Nous exigeons le développement des enfants doués de parents pauvres, quelle que soit leur classe ou leur profession, aux frais de l'État.

21. L'État doit veiller à élever le niveau de santé de la nation en protégeant les mères et les nourrissons, en interdisant le travail des enfants, en augmentant l'efficacité corporelle par la gymnastique et les sports obligatoires prévus par la loi, et en soutenant largement les clubs engagés dans le développement corporel des jeunes.

22. Nous demandons l'abolition d'une armée rémunérée et la formation d'une armée nationale.

23. Nous demandons une guerre juridique contre le mensonge politique conscient et sa diffusion dans la presse. Afin de faciliter la création d'une presse nationale allemande, nous exigeons :

a) que tous les rédacteurs en chef de journaux et leurs assistants, employant la langue allemande, doivent être membres de la nation ;

b) qu'une autorisation spéciale de l'État est nécessaire pour la parution de journaux non allemands. Ceux-ci ne sont pas nécessairement imprimés en langue allemande ;

(c) que la loi interdit aux non-Allemands de participer financièrement à des journaux allemands ou de les influencer, et que la sanction pour infraction à la loi est la suppression de tout journal de ce type et l'expulsion immédiate du non-Allemand concerné.

Il doit être interdit de publier des documents qui ne contribuent pas au bien-être national. Nous demandons que soient poursuivies en justice toutes les tendances artistiques et littéraires susceptibles de désintégrer notre vie en tant que nation, et que soient supprimées les institutions qui vont à l'encontre des exigences susmentionnées.

24. Nous demandons la liberté pour toutes les confessions religieuses dans l'État, dans la mesure où elles ne constituent pas un danger pour lui et ne militent pas contre les sentiments moraux de la race allemande.

Le parti, en tant que tel, est en faveur d'un christianisme positif, mais ne s'engage pas en matière de croyance à une confession particulière. Il lutte contre l'esprit juif-matérialiste en nous et hors de nous, et est convaincu que notre nation ne peut atteindre une santé permanente que de l'intérieur sur le principe : L'INTÉRÊT COMMUN AVANT LE SIEN

25. Pour que tout cela se réalise, nous demandons la création d'un pouvoir central fort de l'État. Autorité incontestée du Parlement politiquement centralisé sur l'ensemble du Reich et son organisation ; et formation de Chambres des classes

et des professions en vue de l'exécution des lois générales promulguées par le Reich dans les différents États de la confédération.

Les dirigeants du Parti jurent d'aller de l'avant - si nécessaire en sacrifiant leur vie - pour assurer l'accomplissement des points précédents. Munich, le 24 février 1920.

Source : Traduction officielle en anglais par E. Dugdale, réimpression de Kurt G, W. Ludecke, *I Knew Hitler* (New York : Charles Scribner's Sons, 1937),

ANNEXE B

DÉCLARATION SOUS SERMENT DE HJALMAR SCHACHT

Moi, Dr Hjalmar Schacht, après avoir été averti que je serai passible de sanctions pour avoir fait de fausses déclarations, déclare sous serment, de mon plein gré et sans contrainte, ce qui suit :

Les sommes versées par les participants à la réunion du 20 février 1933 chez Goering ont été versées par eux aux banquiers. Delbruck, Schickler & Cie, Berlin, au crédit d'un compte "Nationale Treuhand" (qui peut être traduit par "Tutelle nationale"). Il a été convenu que j'avais le droit de disposer de ce compte, que j'administrais en tant que fiduciaire, et qu'en cas de décès, ou si la tutelle devait être résiliée de toute autre manière, Rudolf Hess aurait le droit de disposer du compte.

J'ai disposé des montants de ce compte en émettant des chèques à l'ordre de M. Hess. Je ne sais pas ce que M. Hess a réellement fait de cet argent.

Le 4 avril 1933, j'ai fermé le compte auprès de Delbruck, Schickler & Co. et j'ai fait transférer le solde sur le "Compte Ic" auprès de la Reichsbank qui portait mon nom. Par la suite, j'ai reçu l'ordre de Hitler directement, qui a été autorisé par l'assemblée du 20 février 1933 à disposer des sommes collectées, ou par l'intermédiaire de Hess, son adjoint, de verser le solde d'environ 600 000 marks à Ribbentrop.

J'ai lu attentivement cette déclaration sous serment (une page) et l'ai signée. J'ai fait les corrections nécessaires de ma propre écriture et j'ai paraphé chaque correction dans la marge de la page. Je déclare sous serment que j'ai dit toute la vérité au meilleur de ma connaissance et de ma conviction.

(Signé) Dr Hjalmar Schacht

12 août 1947

Dans une déclaration sous serment ultérieure du 18 août 1947 (N1-9764, Pros. Ex 54), Schacht a déclaré ce qui suit à propos de l'interrogatoire susmentionné :

"J'ai fait toutes les déclarations figurant dans cet interrogatoire à Clifford Hyanning, un enquêteur financier des forces américaines, de mon plein gré et sans contrainte. J'ai relu cet interrogatoire aujourd'hui et je peux affirmer que tous les faits qu'il contient sont vrais, à ma connaissance et selon ma conviction. Je déclare sous serment que j'ai dit toute la vérité au meilleur de ma connaissance et de ma conviction".

Source : Copie de la pièce à conviction 55. *Procès des criminels de guerre devant les tribunaux militaires de Nuremberg en vertu de la loi n° 10 du Conseil de contrôle*, Nuremberg, octobre 1946-avril 1949, Volume VII, I.G. Farben, (Washington : U.S. Government Printing Office, 1952).

ANNEXE C

LES INSCRIPTIONS SUR LE COMPTE DE "TUTELLE NATIONALE", QUI SE TROUVE DANS LES DOSSIERS DU DELBRUCK, SCHICKLER CO. BANQUE

TUTELLE NATIONALE

PRÉSIDENT DE LA REICHSBANK DR. HJALMAR SCHACHT, BERLIN-ZEHLENDORF

23 février	Debibk (Deutsche Bank Diskonto-Gesellschaft) Association pour les intérêts miniers, Essen		23 février	200,000.00
24	Transfert sur le compte Rudolf Hess, actuellement à Berlin	100,000.00	24	
24	Karl Herrmann		25	150,000.00
	Salon de l'automobile, Berlin		25	100,000.00
25	Directeur A. Steinke		27	200,000.00
25	Demag A.G., Duisberg		27	50,000.00
27	Société Telefunken pour la télégraphie sans fil Berlin		28	85,000.00
	Osram G.m.b.H., Berlin		28	40,000.00
27	Bayerische Hypotheken-und Wech selbank, succursale de Munich, Kauflingerstr. en faveur de Verlag Franz Eher Nachf, Munich	100,000.00	28	
27	Virement sur le compte Rudolf Hess, Berlin	100,000.00	27	

28	I.G. Farbenindustrie A.G. Frankfurt/M		1er mars	400,000.00
28	Frais de télégraphe pour le transfert à Munich	8.00	28 février	
1er mars	Votre paiement		2 mars	125,000.00
2	Transfert télégraphique à la Bayerische Hypotheken-und Wechselbank, succursale de Munich, Bayerstr.			
	pour le compte de Josef Jung	400,000.00	2	
	Frais de transfert télégraphique	23.00	2	
	Transfert de compte Rudolf Hess	300,000.00		
2	Remboursement du directeur Karl Lange, Berlin		3	30,000.00
3	Remboursement de la part du directeur Karl Lange, compte "Maschinen-industrie		4	20,000.00
	Remboursement de Verein ruer die bergbaulichen Interessen, Essen		4	100,000.00
	Remboursement de Karl Herrmann, Berlin, Dessauerstr. 28/9		4	150,000.00
	Remboursement de la société Allgemeine Elektrizitaetsgesellschaft, Berlin		4	60,000.00
7	Remboursement du directeur général Dr F. Springorum, Dortmund		8	36,000.00
8	Virement de la Reichsbank : Bayerische Hypotheken-und Wechselbank,			

	succursale Kauffingerstr.	100,000.00	8	
		1,100,031.00		1,696,000.00
		1,100,031.00	8 mars	1,696,000.00
8 mars	Bayerische Hypotheken-und Wechselbank, Munich, succursale Bayerstr.	100,000.00	8	
	Virement sur le compte Rudolf Hess	250,000.00	7	
10	Accumulatoren-Fabrik A.G. Berlin		11	25,000.00
13	Association f.d. intérêts miniers, Essen		14	300,000.00
14	Remboursement Rudolf Hess	200,000.00	14	
29	Remboursement Rudolf Hess	200,000.00	29	
Le 4 avril	Commerz-und Privatbank Dep. Kasse N. Berlin W.9 Potsdamerstr. 1 f. Spécial			
	Compte S 29	99,000.00	4 avril	
5	Intérêts selon la liste 1			
	pourcentage		5	404.50
	Factures de téléphone	1.00	5	
	Affranchissement	2.50	5	
	Balance	72,370.00	5	
	Solde reporté	2,021,404.50		2,021,404.50
			5 avr.	72,370.00

ANNEXE D

LETTRE DU MINISTÈRE AMÉRICAIN DE LA GUERRE À ETHYL CORPORATION

Pièce n° 144

(manuscrit) M. Webb a envoyé des copies pour les autres directeurs

Copie à : M. Alfred P. Sloan, Jr, General Motors Corp, New York City, M. Donaldson Brown, General Motors Corp, New York City.

15 décembre 1934.

M. E. W. Webb,

Président de la société Ethyl Gasoline Corporation, 185 E, 42e rue, New York City. Cher M. Webb : J'ai appris aujourd'hui par notre division des produits chimiques organiques que la société Ethyl Gasoline Corporation a l'intention de créer une société allemande avec l'I.G. pour fabriquer du plomb éthylique dans ce pays.

Je viens de passer deux semaines à Washington, dont une partie non négligeable a été consacrée à critiquer l'échange avec des sociétés étrangères de connaissances chimiques qui pourraient avoir une valeur militaire. Une telle communication d'informations par une entreprise industrielle peut avoir les plus graves répercussions sur celle-ci. La société Ethyl Gasoline ne ferait pas exception à la règle, en fait, elle serait probablement visée par une attaque spéciale en raison de la propriété de ses actions.

Il semblerait, à première vue, que la quantité de plomb éthylique utilisée à des fins commerciales en Allemagne soit trop faible pour être suivie. Il a été affirmé que l'Allemagne s'arme en secret. Le plomb éthylique serait sans aucun doute une aide précieuse pour les avions militaires.

Je vous écris pour vous dire qu'à mon avis, ni vous ni le conseil d'administration de l'Ethyl Gasoline Corporation ne devez en aucun cas divulguer en Allemagne des secrets ou un "savoir-faire" en rapport avec la fabrication du plomb tétraéthyle.

Je suis informé que vous serez informé par la division des colorants de la nécessité de divulguer les informations que vous avez reçues de l'Allemagne aux fonctionnaires compétents du ministère de la guerre.

Je vous prie d'agréer, Monsieur le Président,
l'expression de ma haute considération,

Source : Sénat des États-Unis, Audiences devant une sous-commission de la commission des affaires militaires, de la *mobilisation scientifique et technique,* 78e Congrès, deuxième session, partie 16, (Washington D.C. : Government Printing Office, 1944), p. 939.

ANNEXE E

EXTRAIT DU JOURNAL DE MORGENTHAU (*ALLEMAGNE*)[194] CONCERNANT SOSTHENES BEHN DE L'I.T.T.

16 mars 1945

11 h 30

RÉUNION DU GROUPE

Bretton Woods - I.T. & T. - Réparations

Présent :

M. White

M. Fussell

M. Feltus

M. Coe

M. DuBois

Mme Klotz

H.M., Jr : Frank, pouvez-vous *résumer* cette affaire sur I.T.&T. ?

M. Coe : Oui, monsieur. I.T. &T. a d'ailleurs transféré ou reçu hier ou il y a quelques jours 15 millions de dollars de leurs dettes en dollars payés par le gouvernement espagnol et qu'ils sont autorisés à faire sous notre licence générale, donc tout va bien. Cependant, c'est en partie dans le cadre de leur représentation auprès de nous, dans le cadre d'un accord pour la vente de la société en Espagne, ils essaient donc de nous forcer la main. La proposition qu'ils nous ont faite depuis quelques années sous

---

[194] *Morgenthau Diary* (Germany), op. cit.

différentes formes prend maintenant cette forme. Ils peuvent obtenir le remboursement de leurs créances en dollars, ce qu'ils disent ne pas avoir pu faire jusqu'à présent - soit 15 millions de dollars maintenant et 10 ou 11 millions de dollars plus tard. Ils vont vendre l'entreprise à l'Espagne et recevoir en retour 30 millions de dollars d'obligations - des obligations du gouvernement espagnol - qui doivent être amorties sur un certain nombre d'années et à un rythme d'environ 2 millions de dollars par an. Ils doivent recevoir 90% de ces exportations afin d'amortir les obligations plus rapidement, s'ils doivent les exporter aux États-Unis.

H. M. Jr : Comme le marchand d'allumettes que j'ai mentionné dans mon discours.

M. Coe : C'est exact. Le gouvernement espagnol. Ils sont prêts, disent-ils - ils sont capables d'obtenir du gouvernement espagnol des assurances, que celles-ci ne le seront pas, que les actions que le gouvernement espagnol a l'intention de revendre n'iront à personne sur la liste noire, et ainsi de suite. Lors de certaines négociations que nous avons eues avec eux ces dernières semaines, ils ont été disposés à aller plus loin sur ce point. Notre hésitation à ce sujet tient à deux choses : premièrement, on ne peut pas faire confiance à Franco, et s'ils en sont capables - si Franco est capable de vendre pour 50 millions de dollars d'actions de cette société en Espagne dans les prochaines années, il pourrait très bien la vendre à des intérêts pro-allemands. Il semble douteux qu'il puisse la céder aux Espagnols, c'est donc la première chose à faire. La deuxième chose que nous ne pouvons pas trop bien documenter, mais je pense qu'elle est plus prononcée dans mon esprit que dans celui des fonds étrangers et des juristes. Je ne pense pas non plus que nous puissions vraiment faire confiance à Behn.

M. White : Je suis sûr que vous ne pouvez pas.

M. Coe : Nous avons ici des enregistrements d'entretiens, remontant à loin, que certains de vos hommes ont eus avec Behn - Klaus en était un - dans lesquels Behn a dit qu'il avait eu des conversations avec Goering avec la proposition que Goering devait tenir I.T. &T. Comme vous vous en souvenez, I.T. &T. a essayé d'acheter le général Aniline et d'en faire une société américaine, et cela faisait partie de l'accord dont Behn a parlé très franchement à l'État et à nos avocats. Il pensait qu'il était parfaitement normal de protéger la propriété : C'était avant que nous n'entrions en guerre.

H. M., Jr. : Je ne m'en souviens pas.

M. Coe : L'homme qui s'occupe maintenant de leurs propriétés est Westrick qui, vous vous en souvenez, est venu ici et a été mêlé à Texaco.

Ils ont essayé par tous les moyens de préparer des affaires plus tôt pour s'échapper. Ils sont liés à un groupe allemand de premier plan, etc. D'autre part, le colonel Behn a été utilisé plusieurs fois comme émissaire par le Département d'État et je crois qu'il est personnellement en très bons termes avec Stettinius. Nous avons reçu des représentants du ministère des affaires étrangères une lettre dans laquelle ils affirment n'avoir aucune objection. Nous vous avons proposé tout à l'heure - la lettre que je vous ai envoyée suggérant de demander à State, si compte tenu de nos objectifs de refuge, ils ont toujours dit oui. Je suis convaincu, après avoir parlé avec eux au téléphone ces deux derniers jours, qu'ils répondront par écrit et diront oui, ils pensent toujours que c'est une bonne affaire.

H. M., Jr : C'est la position dans laquelle je suis. Comme vous le savez, messieurs, je suis débordé maintenant et je ne peux pas m'occuper personnellement de cette affaire, et je pense que nous allons devoir la confier au Département d'État, et s'il veut la régler, très bien. Je n'ai tout simplement pas le temps ni l'énergie pour les combattre sur cette base.

M. Coe : Alors nous devrions l'autoriser maintenant.

M. White : Vous devriez d'abord recevoir une lettre. Je suis d'accord avec le secrétaire sur ce point de vue, à savoir qu'il ne faut pas faire confiance à ce Behn au coin de la rue. Il y a quelque chose dans cet accord qui semble suspect et nous avons eu affaire à lui ces deux dernières années. Cependant, c'est une chose de le croire et une autre de le défendre devant les pressions qui seront exercées ici pour tenter de priver cette entreprise de l'accord commercial, mais je pense que ce que nous pourrions faire, c'est faire savoir au Département d'État que, dans le cadre d'un projet de refuge, il ne pense pas qu'il y ait un danger que l'un de ces actifs - je citerais certains d'entre eux, et j'épellerais la lettre. Mettez-les dans le dossier et faites-les même un peu peur et tenez bon, ou au moins ils auront eu le dossier et vous aurez attiré leur attention sur ces dangers. Ce Behn nous déteste de toute façon. Nous nous sommes interposés entre lui et les marchés depuis au moins quatre ans.

H. M., Jr : Suivez ce que White a dit. Quelque chose dans ce sens. "Cher M. Stettinius, ces choses me dérangent en raison des faits suivants, et je voudrais que vous me disiez si nous devrions ou non...."

M. White : "Compte tenu du danger que les avoirs allemands soient dissimulés ici, l'avenir -" et qu'il revienne en disant "Non", nous le surveillerons.

M. Coe : Nous avons dit que nous voulions donner quelque chose à Acheson lundi.

H. M., Jr : Et si vous me préparez ça pour demain matin, je le signerai.

M. Coe : O.K.

Source : Sénat des États-Unis, sous-comité chargé d'enquêter sur l'administration de la loi sur la sécurité intérieure. Comité du pouvoir judiciaire, *Morgenthau Diarty (Allemagne)*, Volume 1, 90e Congrès, 1ère session, 20 novembre 1967, (Washington D.C. : U.S. Government Printing Office, 1967), p. 320 du livre 828. (Page 976 de l'impression du Sénat américain).

Note : "M. White" est Harry Dexter White. Le "Dr Dubois" est Josiah E. Dubois, Jr, auteur du livre "*Generals in Grey Suits*" (Londres : The Bodley Head, 1953). "H.M. Jr." est Henry Morgenthau Jr, Secrétaire au Trésor.

Ce mémorandum est important car il accuse Sosthenes Behn d'avoir tenté de conclure des marchés en coulisses dans l'Allemagne nazie "pendant 4 ans au moins" - c'est-à-dire que pendant que le reste des États-Unis était en guerre, Behn et ses amis faisaient encore des affaires comme d'habitude avec l'Allemagne. Cette note soutient les preuves présentées dans les chapitres cinq et neuf concernant l'influence de l'I.T.T. dans le cercle restreint de Himmler et ajoute Herman Goering à la liste des contacts de l'I.T.T.

BIBLIOGRAPHIE SÉLECTIVE

Allen, Gary. *None Dare Call It Conspiracy.* Seal Beach, California: Concord Press, 1971.

Ambruster, Howard Watson. *Treason's Peace.* New York: The Beechhurst Press, 1947.

Angebert, Michel. *The Occult and the Third Reich.* New York: The Macmillan Company, 1974.

Archer, Jules. *The Plot to Seize the White House.* New York: Hawthorn Books, 1973.

Baker, Philip Noel. *Hawkers of Death.* The Labour Party, England, 1984.

Barnes, Harry Elmer. *Perpetual War for Perpetual Peace.* Caldwell, Idaho: Caxton Printers, 1958.

Bennett, Edward W. *Germany and the Diplomacy of the Financial Crisis, 1931.* Cambridge: Harvard University Press, 1962.

Der Farben-Konzern 1928. Hoppenstedt, Berlin, 1928.

Dimitrov, George, *The Reichstag Fire Trial.* London: The Bodley Head, 1984.

Dodd, William E. Jr., and Dodd, Martha. *Ambassador Dodd's Diary, 1933-1938.* New York: Harcourt Brace and Company, 1941.

Domhoff, G. William. *The Higher Circles: The Governing Class in America.* New York: Vintage, 1970.

Dubois, Josiah E., Jr. *Generals in Grey Suits.* London: The Bodley Head, 1958.

Engelbrecht, H.C. *Merchants of Death.* New York: Dodd, Mead & Company, 1984.

Engler, Robert. *The Politics of Oil.* New York: The Macmillan Company, 1961.

Epstein, Julius. *Operation Keelhaul.* Old Greenwich: Devin Adair, 1978.

Farago, Ladislas. *The Game of the Foxes.* New York: Bantam, 1978.

Flynn, John T. *As We Go Marching*, New York: Doubleday, Doran and Co., Inc., 1944.

Guerin, Daniel. *Fascisme et grand capital.* Paris: Francois Maspero, 1965.

Hanfstaengl, Ernst. *Unheard Witness.* New York: J. B. Lippincott, 1957.

Hargrave, John. *Montagu Norman.* New York: The Greystone Press, n.d.

Harris, C.R.S. *Germany's Foreign Indebtedness.* London: Oxford University Press, 1985.

Helfferich, Dr. Karl. *Germany's Economic Progress and National Wealth, 1888.1913.* New York: Germanistic Society of America, 1914.

Hexner, Ervin. *International Cartels.* Chapel Hill: The University of North Carolina Press, 1945.

Howard, Colonel Graeme K. *America and a New Worm Order.* New York: Scribners, 1940.

Kolko, Gabriel. "American Business and Germany, 1930-1941," *The Western Political Quarterly*, Volume XV, 1962.

Kuezynski, Robert R. *Bankers' Profits from German Loans*, Washington, D.C.: The Brookings Institution, 1982.

Leonard, Jonathan. *The Tragedy of Henry Ford.* New York: G.P. Putnam's Sons, 1932.

Ludecke, Kurt G.W. *I Knew Hitler.* New York: Charles Scribner's Sons, 1937.

Magers, Helmut. *Ein Revolutionar Aus Common Sense.* Leipzig: R. Kittler Verlag, 1934.

Martin, James J, *Revisionist Viewpoints.* Colorado: Ralph Mules, 1971.

Martin, James Stewart. *All Honorable Men*, Boston: Little Brown and Company, 1950.

Muhlen, Norbert. *Schacht: Hitler's Magician.* New York: Longmans, Green and Co., 1939.

Nixon, Edgar B. *Franklin D. Roosevelt and Foreign Affairs.* Cambridge: Belknap Press, 1969.

Oil and Petroleum Yearbook, 1938.

Papen, Franz von. *Memoirs*. New York: E.P. Dutton & Co., 1953.

Peterson, Edward Norman. *Hjalmar Schacht*. Boston: The Christopher Publishing House, 1954.

Phelps, Reginald H. *"Before Hitler Came": Thule Society and Germanen Orden*, in the *Journal of Modern History*, September, 1963.

Quigley, Carroll, *Tragedy and Hope*. New York: The Macmillan Company, 1966.

Ravenscroft, Trevor, *The Spear of Destiny*. New York: G.P. Putnam's Sons, 1973.

Rathenau, Walter. *In Days to Come*. London: Allen & Unwin, n.d.

Roberts, Glyn. *The Most Powerful Man in the World*. New York: Covici, Friede, 1938.

Sampson, Anthony. *The Sovereign State of* I.T.T. New York: Stein & Day, 1975.

Schacht, Hjalmar. *Confessions of "The Old Wizard."* Boxton: Houghton Mifflin, 1956.

Schloss, Henry H. *The Bank for International Settlements*. Amsterdam: North Holland Publishing Company, 1958.

Seldes, George. *Iron, Blood and Profits*. New York and London: Harper & Brothers Publishers, 1934.

Simpson, Colin. *Lusitania*. London; Longman, 1972.

Smoot, Dan. *The Invisible Government*. Boston: Western .Islands, 1962,

Strasser, Otto. *Hitler and I*. London: Jonathan Cape, n.d.

Sonderegger, Rene. *Spanischer Sommer*. Affoltern, Switzerland: Aehren Verlag, 1948.

Stocking, George W, and Watkins, Myron W. *Cartels in Action*. New York: The Twentieth Century Fund, 1946.

Sutton, Antony C. *National Suicide: Military Aid to the Soviet Union*. New York: Arlington House Publishers, 1978.

Wall Street and the Bolshevik Revolution. New York: Arlington House Publishers, 1974.

Wall Street and FDR. New York: Arlington House Publishers, 1975.

Western Technology and Soviet Economic Development, 1917-1930.
Stanford, California: Hoover Institution Press, 1968.

Western Technology and Soviet Economic Development, 1980-1945.
Stanford, California: Hoover Institution Press, 1971.

Western Technology and Soviet Economic Development, 1945-1965.
Stanford, California: Hoover Institution Press, 1973.

Sward, Keith. *The Legend of Henry Ford.* New York: Rinehart & Co., 1948.

Thyssen, Fritz. *I Paid Hitler.* New York : Farrar & Rinehart, Inc. s.d.
"Procès des criminels de guerre devant les tribunaux militaires de Nuremberg en vertu de la loi n° 10 du Conseil de contrôle", Volume VIII, affaire I.G. Farben, Nuremberg, octobre 1946-avril 1949. Washington : Government Printing Of-flee, 1953. United States Army Air Force, Aiming point report No. 1.E.2 du 29 mai 1943.

Sénat des États-Unis, auditions devant la commission des finances. *Vente d'obligations ou de titres étrangers aux États-Unis.* 72e Congrès, 1ère session, S. Res. 19, 1ère partie, 18, 19 et 21 décembre 1931. Washington : Government Printing Office, 1931.

Sénat des États-Unis, auditions devant une sous-commission de la commission des affaires militaires. *Mobilisation scientifique et technique.* 78e Congrès, 2e session, S. Res. 107, partie 16, 29 août et 7, 8, 12 et 13 septembre 1944. Washington : Government Printing Office, 1944.

Congrès des États-Unis. Chambre des Représentants. *Commission spéciale sur les activités américaines et enquête sur certaines autres activités de propagande.* 73e Congrès, 2e session, audiences no 73-DC-4. Washington : Government Printing Office, 1934.

Congrès des États-Unis. Chambre des Représentants. Commission spéciale sur les activités américaines (1934). *Enquête sur les activités nazies et autres activités de propagande.* 74e Congrès, 1ère session, rapport n° 153. Washington : Government Printing Office, 1934.

Congrès des États-Unis. Sénat. Auditions devant une sous-commission de la commission des affaires militaires. *Élimination des ressources allemandes pour la guerre.* Rapport en vertu des Résolutions 107 et 146, 2 juillet 1945, Partie 7. 78e Congrès et 79e Congrès. Washington : Government Printing Office, 1945.

Congrès des États-Unis. Sénat. Auditions devant une sous-commission de la commission des affaires militaires. *Mobilisation scientifique et technique*. 78e Congrès, 1ère session, S. 702, partie 16, Washington : Government Printing Office, 1944.

United States Group Control Council (Allemagne), Bureau du directeur du renseignement, Field Information Agency. Rapport de renseignement technique n° EF/ME/1. 4 septembre 1945.

États-Unis Sente. Sous-comité d'enquête sur l'administration de la loi sur la sécurité intérieure, Comité du pouvoir judiciaire. *Journal de Morgenthau (Allemagne)*. Volume 1, 90ème Congrès, 1ère session, 20 novembre 1967. Washington : U.S. Government Printing Office, 1967.

Fichier décimal du Département d'État des États-Unis.

Enquête sur les bombardements stratégiques aux États-Unis. *AEG-Ostlandwerke GmbH*, par Whitworth Ferguson. 81 mai 1945.

Enquête sur les bombardements stratégiques aux États-Unis. *Rapport de l'industrie allemande du matériel électrique*. Equipment Division, janvier 1947.

United States Strategic Bombing Survey, *rapport d'usine de l'A.E.G.* (Allgemeine Elektrizitats Gesellschaft). Nuremberg, Allemagne : juin 1945.

Zimmerman, Werner. *Liebet Eure Feinde*. Frankhauser Verlag : Thielle-Neuchatel, 1948.

DÉJÀ PARUS

Déjà parus

Déjà parus

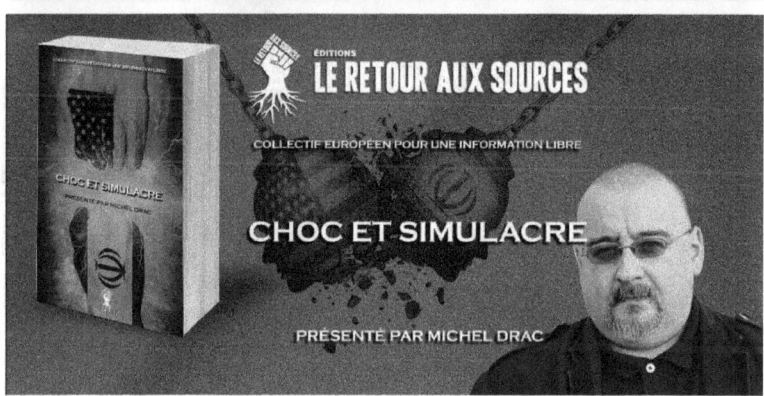

DÉJÀ PARUS

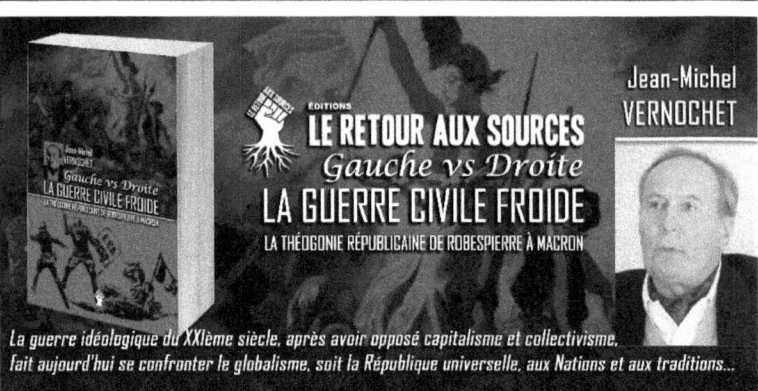

Déjà parus

www.leretourauxsources.com

www.ingramcontent.com/pod-product-compliance
Lightning Source LLC
Chambersburg PA
CBHW050143170426
43197CB00011B/1942